W0407602

CAVIAR, POISSON STAR

JUSTINE JOTHAM

© 2019 Poulpe Fictions
Poulpe Fictions, un département d'Édi8,
12, avenue d'Italie, 75013 Paris - www.poulpe-fictions.fr

Conception graphique : Manon Bucciarelli
Maquette : Jérôme Wawrzyniak
Correction : Anne-Sophie Bord et Sandrine Marchand
À Lola, poulpe avant le poulpe, dont les chatouilles nous manquent.

Loi n° 49-956 du 16 juillet 1949 sur les publications destinées à la jeunesse,
modifiée par la loi n° 2011-525 du 17 mai 2011.
ISBN : 978-2-3774-2059-9 - Dépôt légal : février 2019.
Imprimé en Espagne

Caviar
POISSON STAR

JUSTINE JOTHAM

Illustrations : Perceval Barrier

poulpe FICTIONS

À mes proches,
et en particulier à mon petit poisson adoré,
à ma Maman, à ma grande sœur,
première fan de Caviar de moins de 80 ans,
à mes deux frères et à ma Mémé (partie en voyage depuis tout juste dix ans, mais je sais qu'elle pense à moi).

Enfin, à mes deux poulpesques (et poulpissimes) éditrices, qui ont cru en Caviar et l'ont encouragé dans ses tribulations avec beaucoup de bienveillance et d'énergie.

Merci.

1

OH YEAH ! JE NAGE DANS UN BOCAL
ET MES IDÉES TOURNENT ROND.
MA VOIX EST COMME DU CRISTAL,
J'SUIS UNE VRAIE STAR DE LA CHANSON.[1]

Merci ! Merci ! Un autographe ? Attendez que je réfléchisse... **Hors de question ! Et puis quoi encore !** Sauf, bien sûr, si vous avez quelques dizaines de millions de dollars à dépenser. Je suis une vedette, moi... Hein ? Pardon ? Plaît-il ? Vous allez voir si je suis un « vulgaire poisson rouge à un euro à la foire du village » ! Je vous prie de me parler sur un autre ton ou je vais vous montrer de quel bois je me chauffe...

1. Premier titre de l'album *Bocalises* en préparation.

Balivernes, sornettes et billevesées. Je ne passerai pas une minute de plus ici. Sur ces bonnes paroles, je vous donne mon congé et regagne mon jet privé avec minibar direction Las Vegas. Souvenez-vous de ce jour comme celui où vous rencontrâtes le grand, l'immense, le gigantesque **Goldy.**

Non, non, non. Je ne suis pas du tout à côté de la plaque. Qu'est-ce que vous faites, vous, quand vous êtes seuls ? Ne me dites pas que vous n'engagez jamais la conversation devant la glace. Et si ce n'est pas le cas, désolé pour vous, parce qu'il est prouvé par A + B que les individus doués d'une intelligence supérieure (comme moi) se parlent à eux-mêmes. Alors dans mon bocal, je me mire, je m'admire et je discute – devrais-je dire : je ~~soliloque~~ dialogue. Eh oui, si je le décide, on tient à plusieurs dans ma tête. C'est très s p a c i e u x , dans ma caboche.

Ah ! Regardez-moi ce reflet ! Une classe folle ! Tu sais que tu es plutôt beau gosse, toi ? Et cette voix ! La Castafiore[2], à côté, c'est de la gnognote.

♪ JE RIS DE ME VOOOOOIR SI BEAU EN CE MIROOOOOOIR ! ♩

Il n'y a pas à dire, je suis vraiment fait pour éblouir le public. Même ici, dans cette misérable prison de verre, le spectacle continue... ✧ **THE show must go ON !** ✧

Bon, ça n'est pas toujours la joie. J'admets que, parfois, je perds nageoire avec la réalité. Il faut me comprendre : je déprime, je sombre dans une noire tristesse, un abîme profond et ténébreux. J'ai surtout envie de pleurer quand je repense à ma vie d'avant. Mais je vous assure que je ne le fais pas. J'ai ma fierté

2. La Castafiore est la vieille dame un peu replète qui casse les oreilles de tout le monde dans les albums de Tintin. Ce qui n'est pas mon cas, puisque j'ai une magnifique voix de rossignol de bocal.

quand même – et puis, je risquerais de faire déborder le bocal. Oui, j'ai les yeux rouges, et alors ? Ça ne vous arrive jamais quand vous oubliez de mettre vos lunettes à la piscine ? Mon ancienne maîtresse me manque. Ô Miss Silver ! (En vérité, elle s'appelait Germaine, mais avouez que, pour une star de la chanson, ça ne sonnait pas très bien.) J'ai vécu avec elle pendant quatre ans. Le rêve : palaces, hôtels luxueux, loges rouge et or, miroirs illuminés, applaudissements à tout rompre, groupies en fin de concert, bouquets de roses parfumées, restaurants très chics. ❤ **Que du bonheur !** ❤

Malheureusement, elle est morte. Il paraît que ça guette tout le monde mais, justement, elle n'était pas tout le monde. Elle était Miss Silver et, pour moi, ça voulait dire qu'elle était immortelle.

2

À PRÉSENT QUE JE N'ENFLAMME PLUS LES PISTES,
J'AI LE BLUES — OH ! LE BLUES DE L'ARTISTE.
JE SUIS BAFOUÉ, MAL-AIMÉ,
PERSONNE NE RECONNAÎT MON SUCCÈS.

Quand c'est arrivé, sa soi-disant meilleure amie, **si** douce et **tellement** dévouée, m'a emmené chez elle.

— J'ai promis à ma Germaine de m'occuper de toi, joli poisson. Tu comptais tant pour elle… Allez, maintenant, fais des tours dans ton bocal en remuant la queue pour faire plaisir à Môman… NON, MAIS FRANCHEMENT, ELLE DÉRAILLAIT, LA CHANTEUSE ! QUEL EST L'INTÉRÊT D'AVOIR CETTE ESPÈCE DE MERLAN FRIT CHEZ SOI ?

(Pour votre gouverne, je ne remue pas la queue, je me meus grâce à ma nageoire caudale. Je ne suis pas un chien, et d'ailleurs, je trouve cet attribut poilu assez ordinaire. Ensuite, je ne passe pas à la poêle et il est hors de question de m'enduire d'huile !)

J'ai vite compris que la dame qui m'avait « *gentiment* » recueilli avait deux personnalités. Elle était cyclothymique ; autrement dit : elle changeait d'humeur d'une seconde à l'autre.

Ainsi, j'ai pu observer plusieurs facettes successives :

- *la maîtresse gaga ;*
- **LA SORCIÈRE EFFRAYANTE ;**
- *la princesse trop pleine de bonnes manières ;*
- **L'OGRESSE RÉPUGNANTE ÉRUCTANT DES INJURES ;**
- *la bienveillante marraine la bonne fée avec ses excès de bonté ;*
- **LA MARÂTRE RÊVANT DE ME TANNER LE CUIR...**

Un beau jour, dans une de ses phases de colère noire, elle a carrément décidé de se débarrasser de moi. Et hop !

Elle m'a enfermé dans un sachet rempli d'eau et m'a déposé sur le trottoir au coin de sa rue. Après un moment, un monsieur s'est avancé vers moi, intrigué. Il faisait partie de la S.P.P. (la Société protectrice des poissons). Il m'a emmené dans une espèce de garderie : un aquarium géant où j'ai dû cohabiter avec ceux qu'il nommait mes « congénères ». Comme si j'avais quelque chose à voir avec les autres ! Je vous rappelle que j'ai connu les feux de la rampe, MOI.

Un peu plus tard, le monsieur nous a observés un à un, sous toutes les formes et toutes les coutures, puis il a rendu son verdict :

— Rien à faire. Que des vieilles carcasses aux nageoires trop raides et aux yeux vitreux. Personne ne voudra adopter ça. Dehors !

Deux jours après, j'ai atterri sur un stand de kermesse d'école.

Et voilà qu'un morveux de sept ans arrive avec sa mère et sa grand-mère. Il pleurniche, tape du pied et commence à geindre :

— Oh, Maman, steuplaît, steuplaît, steuplaît. Je veux ça : le **c**ruc rouge qui fait des bulles. Regarde : il est **c**rop **c**rop mignon.

Moi, « un **truc** rouge qui fait des bulles » ! Je rêve !

→ *Primo*, je ne suis pas rouge du tout. Selon les zoologues, j'appartiens à la noble famille des cyprins dorés (ça vous en bouche un coin, pas vrai ?).

→ *Deuzio*, je ne fais pas de bulles, j'expire de l'air par les branchies.

→ *Tertio*, ce gosse qui ne s'exprime pas correctement me tape sérieusement sur le système.

— Ah non, sûrement p..., a commencé la mère avec une récalcitrante véhémence, avant que la vieille dame ne la coupe.

— Tu as raison, mon chéri. Il est parfait ! Je le veux aussi. D'ailleurs, Mirabelle...

— Je m'appelle Prunelle, Maman. **Pru-nelle !**

— D'accord, Cannelle. Je disais donc : je le veux aussi et je ne partirai pas d'ici avant de l'avoir gagné.

— Merci, Mémé ! a crié le gamin, joyeux.

Sur ces mots, la grand-mère a sorti de son sac à main un porte-monnaie plein comme une outre, dont elle a déversé tout le contenu sur le comptoir.

— Un peu de bon sens, Maman ! Tu ne vas tout de même pas dépenser tout ça pour...

— Oh que si !

— Léopold, a tenté Prunelle, tu sais bien ce que Papa pense de ces machins-là.

« Machin » ? « Truc », « bidule », pendant qu'elle y est !

Qu'est-ce qu'elle insinuait ? Que je ne vaux pas un clou ? Elle ne méritait sûrement pas que je m'abaisse à venir chez elle. Il y a des milliers de gens sur terre qui rêveraient de m'adopter.

Je me suis alors dit que c'en était fini, jusqu'au moment où le petit a levé ses yeux couleur de l'océan[3] vers sa Mémé et secoué ses boucles blondes d'angelot en laissant couler de grosses larmes sur ses joues. La victoire était assurée.

— Sortez-moi l'artillerie lourde, a lancé Mémé. Je prends toutes les cannes. Léopold, attrape ça et ne laisse rien filer. À nous les canards !

Ils ont commencé leur partie de pêche. On aurait cru qu'ils avaient fait ça toute leur vie. Les points s'amoncelaient sur le comptoir et quand Mémé a estimé qu'elle en avait assez, elle a ramassé sa liasse.

— Monsieur, nous prendrons le poisson, un bocal et...

— Et un pot de **pâte à prout** et de **méga-morve jaune fluo,** a poursuivi Léopold, exalté.

Vous comprenez pourquoi je l'appelle « le morveux » ? Franchement, me choisir, moi, en même temps que des objets aussi triviaux ! C'est un manque total de respect.

---

3. Je tiens à préciser que, même si je suis un poisson d'eau douce, je connais l'océan. Je l'ai vu lors d'une croisière avec Miss Silver.

Prunelle était fâchée. Très, très, très fâchée.

— Je vous préviens : je vous laisse vous débrouiller. Je ne m'occuperai pas de cet animal. Quant à Papa, vous lui expliquerez tout vous-mêmes.

Je n'ai pas tardé à comprendre qu'entre le père, Jean-Bernard, et moi, ça ne serait pas une grande histoire d'amour.

— Léopold, viens ici tout de suite ! a-t-il tonné. Je peux savoir ce que ceci fait dans ma maison ?

Il a regardé Mémé, qui se fendait d'un immense sourire, et il est reparti de plus belle.

— C'est encore un coup tordu de ta grand-mère. Je me trompe ?

— Pardon, mon cher beau-fils, de quoi est-il question ? a demandé Mémé.

— De ça ! Vous avez des explications ?

— Mais bien sûr, mon gendre préféré. Ceci est un poisson rouge. Un gentil-mignon-adorable petit poisson rouge.

— Petit ? Vous avez vu sa taille ? Il ressemble à une **baleine**. En plus, il n'est même pas normal : vous avez remarqué ses rayures ?

— Jean-Jean, vous et vos grandes déclarations ! Vous ne changerez donc jamais.

— Mon prénom est Jean-Bernard ! Et je me demande sur quoi vous vous basez pour me juger, vu que vous avez à peu près autant de mémoire que ce poisson débile.

Je suis entièrement d'accord pour dire que je ne suis pas un spécimen normal, puisque je suis UNIQUE ! Les rayures sont un signe de distinction. Quant à mon embonpoint, ce qu'il ignore, c'est que le plus lourd chez moi, c'est l'encéphale. Oui, parfaitement, mon cerveau ! Et il a plutôt intérêt à s'en méfier, parce que je sais en faire bon usage. Au passage, je remercie Mémé d'avoir voulu me défendre, mais, petite parenthèse :

je ne suis ni *gentil*,
ni *mignon*, ni *adorable*.

3

QUE L'ON RETIENNE LE NOM
DE LA VEDETTE À L'ABANDON,
CAR JE PRENDRAI MA REVANCHE
ET JE REMONTERAI SUR LES PLANCHES.

Le débat n'était pas encore clos, car Léopold a voulu me trouver un nom. Personne n'aurait l'idée saugrenue de débaptiser un chien mais, nous, les poissons, sommes mésestimés. Résultat, j'ai dû me rendre à l'évidence : je ne serai plus Goldy. Une nouvelle manière de ruiner mon talent…

— **Pff !** Donner un nom à ce bidule qui tourne en rond ? a soupiré Jean-Bernard avec un mépris évident.

Franchement, Léopold, à quoi ça sert ? Dans une seconde, il ne te reconnaîtra même plus.

Allons-y avec les expressions célèbres de la langue française : la fameuse « mémoire de poisson rouge ». Il n'a rien trouvé de mieux ? On tombe dans la facilité. Il ferait bien de s'informer. Des chercheurs d'universités très prestigieuses ont prouvé que l'on n'a absolument rien à envier aux autres espèces. Bien au contraire.

— Et pourquoi pas Sushi ? a-t-il pouffé avec son rire de hyène couplé avec un hennissement de cheval.

— Moi, je pensais plutôt à Bubulle, a répliqué Prunelle.

— Non, Plouf ! a renchéri Léopold.

Et chacun de proposer son nom préféré :

— Globule !

— Nautilus !

— Némo !

Léopold m'a fixé avec ses deux petites billes bleues. Il ne s'attendait quand même pas à ce que je sorte de mon bocal pour lui crier mon enthousiasme ? Et puis

quoi encore ! Comme si j'allais m'abaisser à parler à des humains. Des humains ! **HA HA HA !** On aura tout vu !

Seulement, le problème tient une nouvelle fois à un de ces adages pathétiques : « Qui ne dit mot consent. » Oui, eh bien moi, je garde le silence, mais je n'en pense pas moins. Je revendique le droit de porter un nom digne de ma splendeur.

— Je sais, moi ! s'est enthousiasmé Léopold. Il s'appellera Caviar.

Exaspération ! Désarroi ! Tempête dans le bocal !

Je suis resté sans voix. CAVIAR ! Ce sont ces œufs d'esturgeon que s'arrachent les gens très riches qui ne savent pas comment dépenser leur fortune dans les restaurants. Je refuse d'être considéré comme de la nourriture à étaler sur des toasts. Et au fait, où est-ce que le mioche a appris ce mot ?

Bien entendu, les parents, qui manquent terriblement d'esprit critique, ont acquiescé. D'abord, ça leur a évité les négociations diplomatiques avec leur cher petit, qui a soi-disant atteint l'âge de raison. Et surtout, ils n'en ont rien à faire ! Ils s'en soucient comme de leur première chemise (et quand je vois celles que porte Jean-Bernie-la-guenille, je peux affirmer que l'apparence et lui, ça fait deux... et même trois !).

Mémé a volé à mon secours.

— Bougre d'andouille ! a-t-elle crié en tapotant le crâne de Léopold. Est-ce que tu as une cacahuète à la place du cerveau ?

— Belle-Maman, le poisson, c'est le vôtre ou le sien ? a tranché Jean-Bernard, histoire de la contrarier.

Me voilà donc affublé du pire nom de poisson de la planète. Comment vais-je faire pour remonter sur scène sans rougir de honte ?

4

SCÉNARIO ~~HOLLYWOODIEN~~... HALLOWEENIEN[4]

Salle à manger, intérieur, soir.

L'horloge sonne huit coups. L'heure du crime.

Un grincement de porte. Jean-Bernard pénètre dans la maison, les cheveux hirsutes et la barbe en désordre. Sa journée a été harassante et il a faim. Très faim. Tellement faim qu'il dévorerait n'importe quoi pour apaiser son estomac hurlant comme un rapace nocturne dans les bois.

Voici quelques-unes de ses recettes préférées :

---

4. Si un producteur est intéressé, je me tiens à sa disposition pour discuter du contrat. Je pense par exemple à Spielberg. Steven, si tu me lis, je sais que je peux être intimidant, mais n'hésite pas à me contacter. Mon bocal te sera toujours ouvert.

— la fameuse glace parfum épinards-yeux de chauve-souris ;

— le clafoutis de cervelle de mulot coulis de chou-fleur ;

— la langue de vipère sauce gribiche ;

— les raviolis d'escargots non dégorgés (baveux à souhait).

Une voix retentit. Elle vient de la cuisine, fluette et chantante.

— Le dîner est serviiiiiii !

Il aime que son plat soit prêt pile à l'heure. Comme l'oiseau de proie ouvrant les serres, il est prêt à attaquer. L'air satisfait, il s'empare de sa fourchette et de son couteau à la lame aiguisée. La pupille brillante, il découvre l'assiette encore fumante recouverte d'une cloche. Le couteau taille, coupe et tranche ; la fourchette pique et s'enfonce. Avec sa serviette maculée de taches, il essuie ses babines luisantes. Affamé, la bouche grande ouverte, il dévore… un poisson pané sauce parmesan-oignon-gingembre-ail.

Quoi ? Un **poisson pané !**

Je me réveille aussitôt, horrifié, et j'ouvre les yeux. Enfin, je ne les ouvre pas vraiment, vu que nous, les poissons, n'avons pas besoin de les fermer pour dormir.

D'accord, mon imagination est à peu près aussi débordante qu'une baignoire où l'on aurait mis un cachalot. Toutefois, il faut considérer ce scénario comme plausible. Quand il rentre du travail, Jean-Bernard est d'une humeur massacrante (et je ne prends pas ce mot à la légère). Les humains ont beau se tenir sur leurs pattes de derrière et se vanter d'être des « individus civilisés », ils n'en sont pas moins commandés par leur ventre. Alors, je me méfie de celui-là en particulier, car deux choses sont sûres :

→ *Primo*, il a une sacrée dent contre moi (du genre molaire de *Tyrannosaurus rex* ou défense de mammouth).

→ *Deuzio*, je n'ai aucune envie de finir avec de la chapelure à la place des écailles.

5

DEPUIS QUE JE SUIS DANS CETTE FAMILLE, VRAIMENT LA VIE NE TIENT QU'À UN FIL. ESSAYEZ TOUJOURS D'M'ÉLIMINER, MAINTENANT, J'AI UNE ALLIÉE !

Sachant que Jean-Bernie a envie de se débarrasser de moi, je fais attention à tous ses faits et gestes. Question de vigilance, ou instinct de survie. Par exemple, j'ai bien noté que, chaque jour, il essaie de me faire périr en déclenchant un séisme d'intensité sept sur l'échelle de Richter.

Vous vous demandez sans doute comment un hominidé de l'espèce *Homo sapiens,* mesurant à vue

d'œil 1,85 mètre et pesant environ 75 kilos, est capable de déchaîner les éléments.

Rien de plus facile ! Il s'approche de mon bocal, frappe contre la paroi et tout se met à vibrer dangereusement. Évidemment, il a trouvé un prétexte – un alibi, devrais-je dire.

— Vous rigolez, Belle-Maman ! Pourquoi tuerais-je ce poisson ? Je lui dis simplement bonjour. Il faudrait arrêter de regarder trop de films, ça ne vous réussit pas.

Mémé a beau lui répéter que notre espèce a le cœur fragile et que ces secousses sont redoutables pour moi, il continue. Pourtant, elle sait de quoi elle parle : elle lit régulièrement *Poissons mag*. Elle est parvenue à imposer cette revue à la maison pour remplacer celles que Prunelle lit habituellement (*Micro-ondes hebdo*, *Le Quotidien du surgelé*, *Frire les poissons panés magazine*) pour « combler ses lacunes », dit-elle, car question cuisine, elle s'y connaît à peu près autant que moi en matière d'aviation.

Le meilleur moyen que Jean-Bernard a trouvé pour

me tuer discrètement sans être accusé, c'est de provoquer un tout petit infarctus de rien du tout, ni vu ni connu. Garanti 100 % zéro indice quand la police scientifique débarquera sur le lieu de mon assassinat pour passer les lampes à rayons ultraviolets et faire ses relevés d'ADN. Je ne suis pas dupe. Je le vois bien m'observer sournoisement, avec son sourire de « tueur-de-poisson-rouge-sans-aucun-scrupule ».

Courage ! Je ne vais quand même pas me laisser faire. Je sais pertinemment qu'il ignore mon intelligence supérieure, alors je vais lui faire une petite démonstration de mes capacités.

Il est bientôt huit heures. ~~L'heure du crime~~. Non, il n'y aura pas de crime, grâce au plan génialissime que j'ai échafaudé. **GNARK ! GNARK ! GNARK !** À nous deux, Jean-Bernie.

Il arrive près de moi, sort la main de sa poche, telle une arme fatale, l'approche de mon bocal et s'apprête à frapper, quand la star de cinéma qui sommeille en moi s'éveille :

(1)... Je reprends mon souffle profondément.
(2)... je bloque ma respiration.
(3)... et je fais la planche.

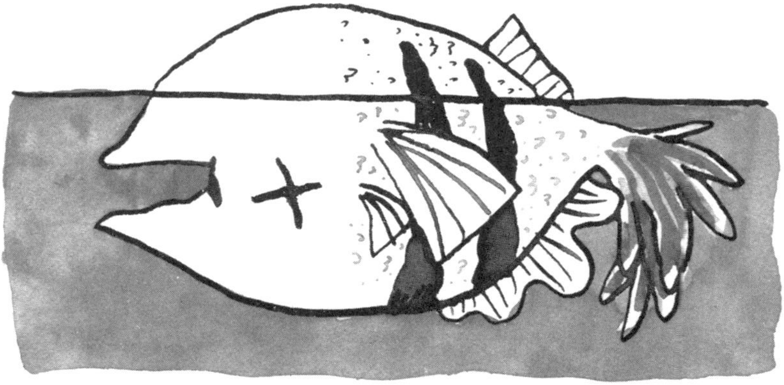

Puis, silence. **OH !** Pauvre petit cyprin doré sauvagement tué par son maître. Comme c'est horrible ! Abominable ! Affreux ! Effroyable !

Comment vas-tu réparer ça, Jean-Bernie ? Ah, vraiment ? Tu remontes tes manches pour plonger les mains dans cette eau marécageuse ? (Entre parenthèses, si tu pouvais penser à la changer une fois de temps en temps, ça serait sympa.) À quoi bon ? Je te préviens : je ne bougerai pas d'une écaille, car je suis mort et même archi-mort ! Trop tard pour le bouche-à-bouche. D'ailleurs, tu sais bien que je suis une « véritable infection » (comme tu le dis souvent) et que je n'ai pas de dentifrice dans mon modeste logement. Ce qui m'inquiète le plus, c'est que si tu me souffles dans les opercules, je vais gonfler. Le look poisson-lune... **BEURK !**

Oh, oh ! Même si je m'amuse comme un fou, je commence à m'en faire. Si Jean-Bernie me laisse trop longtemps hors de l'eau, je vais finir par avoir la peau toute desséchée et par m'asphyxier pour de bon.

DE L'AIDE ! AU SECOURS ! FAITES
QUELQUE CHOSE POUR L'ARRÊTER !

Ouf ! Une fois encore, c'est Mémé qui vient à la rescousse. Attention ! Elle a sorti sa super canne du genre fleuret d'escrime-batte de baseball et elle la manie avec talent. Quelle frappe ! Un style inimitable.

— Gendre de malheur ! Vous êtes un CRIMINEL ! hurle-t-elle, en chevrotant un peu.

Prunelle arrive, affolée.

— Jean-Bernard ! Repose immédiatement cette pauvre bête sans défense. Ce que tu t'apprêtais à faire, c'est très laid !

— Ah oui ? Et les coups de canne de ta mère, ils ne sont pas laids, eux ? Je fais ce que je veux, je suis chez moi !

— J'en ai assez de devoir m'occuper de tout le monde, ici. Je refuse qu'un meurtre ait lieu sous mon toit. Maman, à partir de maintenant, Léopold et toi, vous vous dé-brouil-le-rez avec le poisson !

Prunelle s'empare de mon bocal et le met dans la chambre de Mémé pour la nuit. Ma foi, c'est une bonne idée. Du moins, tant que Mémé se souvient de moi, parce que, sur ce coup-là, Jean-Bernie-roi-des-conflits n'a pas tort : la mémoire, ça n'est pas son fort.

6

Des mauvais pas, je me sors.
Vous me croyez mignon à tort.
Si j'ai une dent contre vous,
attention, gare au loup !

Même si je commence à vraiment apprécier Mémé, je dois reconnaître que, en effet, elle n'est pas toujours « en phase avec la réalité ». C'est ce que dit Prunelle. Jean-Bernard, avec sa délicatesse légendaire, affirme qu'elle est « CARRÉMENT MARTEAU ET COMPLÈTEMENT À LA MASSE », parce qu'il supporte mal qu'elle vive chez eux à cause de sa maladie d'Alzheimer.

Pour s'en sortir au quotidien et ne pas tout oublier,

Mémé a plein de rituels. Léopold et elle ont écrit un règlement des habitudes du soir.

1. Enlever les boutons du chemisier.
2. Défaire le chemisier.
3. Retirer la grosse jupe en laine.
4. Mettre les vêtements dans la penderie.[5]
5. S'asseoir sur le bord du lit pour retirer les bas à varices.
6. Ôter le dentier pour le faire tremper avec une pastille de nettoyage.

En général, elle s'en sort plutôt bien mais, hier, elle était vraiment déconnectée de la Terre. Allez savoir où elle va dans ces moments-là. Peut-être bien sur Mars. Je crois d'ailleurs que ça n'est pas seulement dû à sa maladie : Mémé est une vieille dame fantasque à l'imagination débridée.

Je disais donc que, hier, elle s'est emmêlé les pinceaux. D'abord, elle a décousu ses boutons pour retirer

5. C'est à cette étape qu'elle se trompe parfois. Elle confond le cintre avec un arc et essaie de tirer des flèches sur son beau-fils.

son chemisier, puis elle a rangé les vêtements dans le réfrigérateur, accroché le rôti qu'elle y a trouvé dans la penderie et, enfin, elle a laissé tomber quelque chose dans mon bocal.

Quel était ce mystérieux O.C.N.I.[6] ? Je n'en avais jamais vu auparavant. Pardonnez mon ignorance. C'était rose et blanc comme de la porcelaine, tendre et flexible… Vous non plus, vous ne devinez pas ?

Il s'agissait de son SUPER DENTIER FLAMBANT NEUF AVEC CANINES, INCISIVES ET MOLAIRES INTÉGRÉES, MODÈLE HAUT DE GAMME, TOUTES OPTIONS, AGRÉÉ PAR L'ORDRE DES DENTISTES !

Quand j'ai compris quel cadeau de rêve elle m'avait fait, j'ai été obligé de reconnaître son génie. (Pourvu qu'elle ne me mette pas dans son verre à dents un jour.) Si

6. Objet coulant non identifié.

j'avais eu des lèvres comme les mérous, je crois que j'aurais embrassé très fort ses joues flétries, car il ne faisait aucun doute pour moi qu'elle voulait m'aider à lancer l'opération « **Caviar-mord-avant-qu'on-ne-le-dévore** ».

Non, je ne suis pas cruel. Je n'ai que quelques comptes à régler, et l'on n'en parlera plus. Rien qu'une toute petite, petite, petite vengeance de rien du tout. Avouez qu'ils l'ont bien méritée, avec le nom ridicule qu'ils m'ont donné.

Alors, j'ai enfilé le râtelier méthodiquement en me regardant dans le grand miroir de Mémé ; puis je me suis fait un magnifique sourire avec cette dentition parfaite, à la façon d'une égérie de publicité pour « Dentiwhite ». **Cheese !** Et j'ai attendu patiemment le lendemain.

Nous y sommes.

Tout le monde s'affaire dans le salon. C'est le branle-bas de combat du matin. J'espère qu'ils n'oublieront pas de me rendre une petite visite dans la chambre de Mémé.

TOC TOC TOC ! Ah, ça y est ! Voilà Léopold.

— Qui est là ? crie Mémé.

Elle n'a pas même le temps d'ôter son bonnet de nuit bordé de dentelle que le gamin entre dans la pièce.

Dommage, j'aurais bien aimé l'entendre réciter la réplique du *Petit Chaperon rouge*. Vous savez : « Tire la chevillette, la bobinette cherra. » Puis **CROC !** J'adore ce conte depuis que j'ai assisté à son adaptation en comédie musicale à Broadway avec Miss Silver dans le rôle de Mère-Grand.

Léopold court vers moi et attrape un baiser de Mémé au passage. Il a les bras chargés.

— Bonjour, Caviar. Je t'ai apporté plein, plein, plein de cadeaux. Je suis sûr que tu vas les adorer.

Et là, il jette un tas de trucs flottants dans mon

bocal. Comme s'il n'était pas assez désordonné et sale comme ça...

— Oh, mon chéri, mais c'est gentil ! Qu'est-ce que tu lui apportes ? demande Mémé, qui se laisse toujours trop facilement attendrir par le marmot.

— Des Playmobil ! Il y a un pirate et son coffre au trésor.

Bah, voyons ! Comme si j'avais l'habitude de frayer avec ce genre de sale gueux écumant les mers. J'ai d'autres fréquentations. Quant à ton trésor, petit, tu peux le garder. Rien que du toc, de la pacotille qui jette de la poudre aux yeux. Moi, j'aime l'or, le vrai.

— Et puis, je lui donne tous mes beaux galets. Je les ai trouvés sur la plage quand j'étais en vacances avec Papa et Maman. Ils sont tout doux. Maman dit qu'ils ont été lavés par les vagues. Et il y a aussi ça !

Horreur ! Une statuette à l'effigie de ce poisson-clown de dessin animé à la gomme ! N'allez pas croire que je sois jaloux de ses quelques millions de fans dans les cinémas du monde. Je n'ai que faire de ces stars de l'imposture.

— Je t'ai ramené des amis, parce que, quand on n'en a pas, on est très malheureux.

Tout à coup, le mioche a les yeux qui s'emplissent de larmes. Les amis ? Ah oui ? J'imagine que l'on est triste si l'on n'en a pas et que l'on ne parvient pas à se suffire à soi-même. Mais pour moi, c'est le contraire ! Je n'ai besoin de personne. Et vous savez pourquoi ? Parce que je n'ai jamais trouvé de meilleure compagnie que la mienne. La solitude, c'est la liberté ! C'est le droit de faire ce que l'on veut quand on le veut et d'inventer ses propres règles ! Magnifique, non ?

♥ SMACKKK ! ♥♥

Hé ! Mais qu'est-ce qui prend au gamin de coller son visage sur mon bocal et de faire le nez de cochon écrasé contre la vitre d'un autobus ? On ne lui a jamais appris qu'il est très impoli de faire des grimaces ? Si ça le fait rire, moi, ça ne m'amuse pas du tout ! Il va voir ce qu'il va voir.

— Regardez-les, s'attendrit Mémé, qui s'adresse parfois à des interlocuteurs imaginaires à cause de sa maladie d'Alzheimer. Comme ils sont mignons, à se donner des baisers.

CrrrrrrrrooOoc !!!

— Mémé ! Au secours ! Caviar vient d'essayer de me mordre.

Oups ! Je n'aurais peut-être pas dû faire claquer mes canines aussi près du nez du mioche. Vu comme il a détalé, je suis persuadé qu'il va aller se plaindre à ses parents, et je risque de passer un sale quart d'heure. Il faut que je me débarrasse du dentier au plus vite, avant que Jean-Bernie ne le remarque. Comment faire ? Aide-moi, Mémé !

— Ah, dentier de malheur ! s'exclame-t-elle justement après l'avoir repêché, égoutté puis replacé dans sa bouche. Je savais bien que je l'avais rangé quelque part. C'est l'heure du petit-déjeuner, Caviar. Qu'est-ce que tu dirais de venir casser la graine avec moi ?

7

À MOI, LES SUPERCHERIES.
AU MARMOT, LES PLEURNICHERIES.
À MÉMÉ, L'EXTRAVAGANCE.
LES PARENTS PERDENT PATIENCE !

Mémé a posé mon bocal sur la table juste à côté d'elle, ce qui met Jean-Bernard particulièrement en pétard. Il paraît que je ne suis « absolument pas hygiénique ».

Léopold s'assied loin de nous. Il me jette de petits coups d'œil furtifs et sanglote encore un peu.

— Tu vas cesser de pleurnicher, oui ? Qu'est-ce que tu crains ? Les poissons n'ont pas de dents.

À moins de te transformer en granule géante, tu ne risques pas de te faire dévorer. **HA HA HA !** pouffe Jean-Bernie-roi-de-la-moquerie.

— À propos, ce n'est pas aujourd'hui que tous les élèves amènent leurs animaux de compagnie à l'école pour les montrer à leurs camarades ? demande Prunelle.

— Si, réplique Léopold, mais je ne veux pas prendre Caviar. Il va faire peur à tout le monde.

— Tu le feras quand même, ordonne Jean-Bernard. Ça nous fera des vacances. Et si l'un d'eux désire l'emmener, fais-lui plaisir, surtout. Allez, dépêche-toi de finir tes céréales, sinon Maman va devoir mettre le turbo.

— Au cas où tu l'aurais oublié, je te rappelle que c'est à toi de déposer Léopold. Je l'ai déjà fait hier.

— Pas ce matin, j'ai une grosse journée de travail.

— Parce que je ne travaille pas, moi, peut-être ?

— D'accord. Puisque aucun de nous ne veut s'y coller, laissons le hasard décider. Pile, tu le conduis ; face, c'est moi, annonce Jean-Bernard.

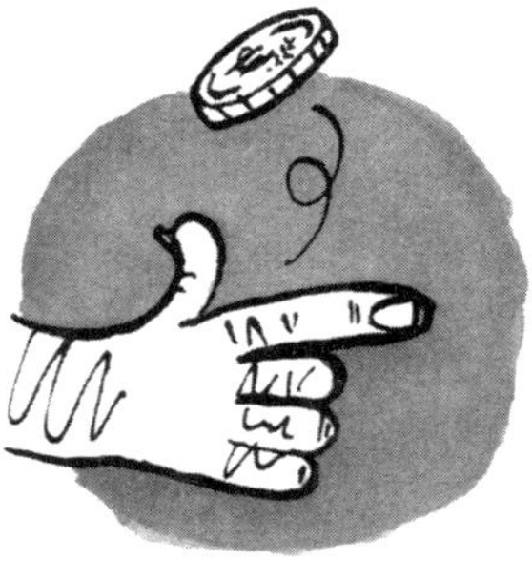

Il sort une pièce de sa poche, la fait tournoyer en l'air avant de l'attraper au vol.

— Mauvaise nouvelle, ma chérie.

— Bon. Léopold, habille-toi tout de suite ! ordonne Prunelle, fâchée d'avoir perdu.

Léopold se lève, la mine décomposée. S'il rêvait d'un petit déjeuner type famille idéale, c'est raté ! Mémé continue de manger, indifférente au match de boxe qui s'est joué autour d'elle. Tout à coup, elle verse le jus d'orange dans le café de son gendre, tartine sa serviette de confiture et trempe un morceau de croissant dans le yaourt qu'il a tout juste entamé, arrachant ainsi un sourire à Léopold.

— Non, mais vous êtes incroyable, vous ! râle Jean-Bernard. Qu'est-ce que vous fabriquez encore, Belle-Maman ?

— Laisse-la tranquille, la défend Prunelle. Tu sais bien qu'elle n'est pas tout à fait elle-même. Allez,

Léopold, on s'en va. Papa viendra te chercher ce soir.

— Oui, c'est ça ! Bien sûr ! En attendant, n'oubliez pas d'embarquer le poisson.

On est à peine dans la voiture et j'imagine déjà le pire : passer la journée avec des hamsters, des lapins **ou – encore plus horrible ! – des chats**. Ces bêtes médiocres se pourlèchent et se lissent le poil avec leur langue rugueuse comme une râpe à fromage à longueur de temps. Vous parlez d'une vie passionnante... Et pourtant, ils affichent clairement un air supérieur, marchant comme des astronautes en apesanteur et imposant leur tyrannie à renfort de miaulements stridents et de coups de griffes acérées. Il faudrait les réveiller un jour pour leur apprendre que l'on ne vit plus au temps de Cléopâtre. D'ailleurs, si la dynastie des Ptolémées existait encore aujourd'hui, je suis certain qu'elle vénérerait les cyprins dorés. Avouez que l'on est infiniment plus élégants que ces matous de gouttière.

Avant de descendre de l'auto, Léopold me scrute avec défiance. Je sens qu'il m'en veut toujours. Comme c'est rancunier, ces petits humains !

— Caviar, tu dois me promettre que tu seras sage-gentil-tout-doux pour que Salomé s'intéresse à toi, me met-il en garde. Si elle t'aime bien, peut-être qu'elle voudra être ma copine.

Il ose me dire ça en me regardant dans le jaune des yeux ? Petit effronté ! Je ne suis pas un jouet en peluche. J'ai de la personnalité et je refuse que l'on me dise ce que j'ai à faire.

8

ENVOYÉ À L'ÉCOLE DES FEUILLANTINES, OÙ IL Y A DES BAMBINS QUI CHOUINENT, JE SUIS AUX PORTES DE L'ENFER. MALHEUR : J'AI LA PHOBIE SCOLAIRE !

Nous venons de franchir l'immense grille de fer forgé. Nous voilà arrivés à l'école.

BIENVENUE EN ENFER !

Je veux m'en aller ! Je ne peux plus respirer. Mon cœur va s'arrêter de battre. Je suis au bord de l'apoplexie. Il y a des enfants partout, des centaines d'enfants ! Je n'imaginais même pas qu'il puisse y en avoir autant dans le monde. Ça grouille comme dans une fourmilière. Leurs cris résonnent tellement dans mon cerveau que j'en ai la migraine. J'ai tous les symptômes de la phobie scolaire aiguë. **Au secours !**

Droit devant moi, il y a une dame grande et maigre comme un fil de fer, avec des cheveux blancs moussant comme des cumulonimbus ou de l'écume sur le bord de la plage. Je crois que, en termes scientifiques[7], sa coiffure s'appelle une permanente. C'est très tendance

7. Je ne suis pas coiffurologue, mais je maîtrise quand même quelques notions dans le domaine.

chez les mamies à caniche. Elles font ça pour ressembler à leur toutou, car selon le proverbe : « Tel chien, tel maître. » (Heureusement, l'adage ne parle pas des poissons. Je serais très vexé que l'on dise que Jean-Bernie et moi, on a un air de famille.)

Tout à coup, elle approche son visage du bocal, et que vois-je ? Les poils drus de son menton rebiquent tellement qu'ils rayent le verre. Cette dame est en fait un fil de fer barbelé.

— Splendide ! s'exclame-t-elle. Mon petit Léopold, tu as là un très beau spécimen, n'est-ce pas ?

Bien observé ! Quel discernement ! Enfin quelqu'un qui reconnaît ma valeur inestimable. Pour le coup, je l'embrasserais de bon cœur et j'en oublierais presque qu'elle a l'air d'un vieux cactus mal épilé.

— C'est Caviar, mon poisson rouge.

— Certes, ignare de marmot. Mais si tu avais lu ta leçon de la dernière fois, tu saurais sans doute que la plupart des cyprins dorés sont assez ordinaires. Celui-ci, en revanche, est d'un genre peu commun. Il n'y a qu'à voir ses rayures qui lui donnent quelque chose d'artistique. D'ailleurs, il mériterait mieux que cette espèce de bocal dégoûtant.

Elle n'a pas tort. Évidemment qu'elle me comprend, elle que l'on condamne à vivre dans une cour pleine de miasmes d'enfants et de microbes qui pullulent.

— Mais, mon petit, tout problème a sa solution. Je pourrais arranger ça, si tu acceptais de me laisser la garde du poisson. Ça ne serait que pour une nuit. Rien qu'**une courte nuit**...

J'ai un drôle de pressentiment tout à coup. Sa manie de marmonner dans sa barbe ne me dit rien qui vaille. Pourvu que Léopold ne cède pas. J'aime mieux rentrer voir Mémé.

Je vais d'abord tenter de capter l'attention du marmot. Un profond regard suppliant, c'est irrésistible. Voilà ! Ensuite, un peu de télépathie. Allez, Léopold, nom d'une carpe, tu ne vas pas m'en vouloir toute ta vie pour un simple malentendu ! Je n'aurais pas dû jouer le **requin**, j'en suis bien conscient, mais j'ai cru que tu me faisais une grimace et ça m'a rendu complètement **marteau**. Je sais que c'était une blague d'assez mauvais goût. De l'humour de poisson-clown, quoi.

— Je ne préfère pas, Madame la Directrice. Parce que... Parce que... Voilà, parce que Caviar est très, très, très, très **méchant.**

Mais Léopold, puisque je te dis que c'était une plaisanterie. Je t'assure que je ne recommencerai pas. Pitié, ne m'abandonne pas. Je suis fragile.

— Ce matin, il a même essayé de me croquer. S'il vous mordait un doigt, vous ne pourriez plus tenir votre stylo.

Je suis sûr que tu vas me regretter. Pense au jour où l'on s'est connus. C'était horrible... Enfin, je veux dire horriblement merveilleux et émouvant.

— Méchant, dis-tu ? Intéressant, se réjouit la directrice, un sourire méphistophélique[8] sur les lèvres. La méchanceté est un signe d'intelligence chez ces animaux par trop dociles.

Fais quelque chose, Léopold ! Retire ce que tu viens de dire. Je suis persuadé que tu ne le penses pas vraiment en plus.

---

8. Méphistophélique : adjectif qui veut dire diabolique, mais j'aime bien ce mot, parce qu'il fait peur et que ça en met plein la vue. Je suis sûr que vous êtes nuls en dictée, alors que moi, je suis le roi de l'orthographe. Et maintenant que vos professeurs savent que vous avez rencontré ce terme un jour, ils pourront vous le mettre dans le prochain contrôle et vous aurez une belle bulle grâce à moi. Gnark ! Gnark ! Gnark !

— Mais non, Madame la Directrice. En fait, je rigolais ! Au contraire, Caviar est tellement doux que vous vous ennuieriez avec lui. Il ferait n'importe quoi pour faire plaisir. Regardez : Caviar, fais le tour de ton bocal en nageant à l'envers !

Ah non ! Tu ne peux pas me ridiculiser. Hé ! Qu'est-ce que tu fais ? Pourquoi me mets-tu la tête en bas et le ventre en l'air ? Je ne céderai pas à tes caprices. Bon, d'accord, juste pour cette fois alors.

— Avoue que tu ne veux pas que je prenne ton poisson chez moi ! grogne la directrice. Tu n'as pas confiance, c'est ça ?

9

QUAND LES SOUVENIRS RESSURGISSENT, JE TOMBE, TOMBE DANS UN ABYSSE. SACHEZ QUE LES MÉCHANTS ONT TORT DE FAIRE RÉGNER LA LOI DU PLUS FORT !

Manque de chance : c'est la directrice qui fait classe aujourd'hui. Elle prend le bocal et me place pile au milieu de son bureau. Je me retrouve face à une assemblée de petits hominidés, dont certains sont accompagnés de leur souris, de leur hamster et, pour l'un d'entre eux, d'un chat.

Dès que tout le monde est installé, elle ordonne le silence.

— Taisez-vous tout de suite !

Sa voix, aussi piquante que les aiguilles de son menton, fait trembler toute l'eau de mon bocal. Des ondes se propagent à la surface et créent des vagues grandes comme si j'étais à Hawaï en compétition de surf. Comme je suis un poisson d'eau douce nageant habituellement dans des eaux calmes, je dois résister au mal de mer.

— Qui va donc me réciter sa leçon de sciences ? Hum... Tiens, tiens, tiens. Et pourquoi pas... Pique-nique douille... Léopold. Au tableau !

Léopold se lève et avance timidement vers l'estrade, avec les guiboles qui s'entrechoquent.

— Puisque aujourd'hui nous allons étudier les animaux ici présents, j'aimerais que tu nous rappelles ce que nous avons appris sur eux dans la dernière leçon. Oh, à propos, comment se nomme ton poisson déjà ?

— Caviar, Madame la Directrice.

— Peux-tu le dire plus fort pour que tous tes camarades t'entendent ?

— Il s'appelle Caviar.

— Caviar ? **HA HA HA !** Vous avez entendu ça, les enfants ? Qu'est-ce que c'est que ce nom ?

— **BOUH !** Léopold ! La honte ! **HA HA HA !!! HA HA HA !!!** s'esclaffent en chœur les élèves en pointant du doigt le marmot dépité.

Ils ressemblent à une nuée de mouettes rieuses hurlant à tue-tête ; Léopold, à un passereau minuscule, vulnérable et apeuré.

Il observe ses pieds et ses baskets trop petites aux lacets défaits. Défait, il l'est aussi – abattu, rompu, vaincu. Ses iris joliment bleutés se noient dans les larmes et son regard est vague et translucide. Je sais bien que, par principe, je n'aime pas les mouflets, mais Léopold est différent dans sa fragilité. **Différent... Différent... Différent.**

Que se passe-t-il ? Je me revois. Je suis tout petit. Les autres bébés poissons ont les écailles orange de la première à la dernière, et moi, j'ai deux rayures noires sur chaque flanc. Je suis né ainsi. C'est sans doute pour ça que mes parents m'ont rejeté. Et c'est assurément pour cette raison que mes camarades se moquaient de moi. Ils m'appelaient « **le drôle de zèbre** ». Comme on était dans une animalerie, j'espérais que les plus méchants d'entre eux seraient choisis par de nouveaux maîtres. Je ne me faisais pas vraiment d'illusions quant à mes chances de quitter cette boutique. Et pourtant, un jour, Miss Silver est entrée et a bouleversé ma vie. Elle s'est penchée sur l'aquarium. Elle était tellement éblouissante que je suis remonté à la surface pour l'admirer. Alors, elle a trempé son doigt dans l'eau pour me caresser et elle a aussitôt dit au vendeur :

— C'est celui-là que je veux !

— Z'êtes sûre, M'dame ? Il n'est pas tout à fait normal. Il a comme qui dirait un défaut de fabrication.

J'vous préviens : on n'a ni garantie ni service après-vente sur ces modèles.

— Taisez-vous, je vous prie. Comment pouvez-vous parler ainsi de ce poisson ?

Dès lors, on ne s'est plus quittés.

Contre l'injustice, je veux lutter,
et de la cruauté triompher.
Je me sens pousser des ailes,
je suis un héros sensationnel.

— Taisez-vous ! crie la directrice, en me rappelant à la réalité. Revenons à nos moutons. Léopold, j'attends... Le classement des animaux ?

Léopold se creuse la cervelle. Ma foi, s'il creuse aussi profond, c'est qu'il y a de la matière, ce qui me paraît plutôt rassurant. Enfin, je suppose... Mais pas un mot ne sort de sa bouche. Il commence à se grattouiller le sommet du crâne. Ça doit être une méthode pour stimuler les neurones paresseux. Malheureusement, ça n'a pas l'air très efficace.

— Euh... Euh..., bafouille-t-il. Les mammifères euh... Ce sont des animaux avec plein de poils ou avec de la fourrure de manteaux pour dames riches... Même que les humains, ils en font partie.

— Quoi ? Petit impertinent ! Qu'est-ce que tu insinues avec cette histoire de poils ?

— Rien, Madame la Directrice. Je vous jure que je ne regardais pas votre men...

— La suite ?

— Les mammifères, ils ont de grosses mamelles pour faire le lait des yaourts. Les oiseaux, ils pondent des œufs pour qu'on aille se les faire cuire. Les mollusques, ils ont un corps tout mou pour éviter les lumbagos. Les poissons, ils ont des nageoires pour voler. Et...

Catastrophe ! Comment a-t-il pu avoir l'idée saugrenue de réviser sa leçon avec Mémé ? Mémé vous refait le monde. Plus beau, peut-être ; plus drôle, à coup sûr, mais c'est une autre planète.

— Arrête-toi tout de suite. Tu auras ce que tu mérites : un zéro pointé !

La directrice s'empare de son stylo rouge. Son geste est précis, mécanique, sans hésitation. Elle est le Terminator de l'Éducation nationale. Son arme est redoutable. BANG ! Une mauvaise note ! L'encre couleur hémoglobine hyper baveuse s'écoule sur son carnet.

Mais ça ne va pas se passer comme ça ! Caviar n'est vraiment pas content ! PAS CONTENT DU TOUT !

S'il y a deux choses qui me hérissent les écailles, ce sont l'injustice et l'humiliation. Je sens monter en moi une force surpoissonnesque. Mon âme s'élève, ma bravoure et ma vaillance grandissent. Je suis un

☆ **SUPERHÉROS !** ☆

Le moment est venu de prouver que je ne suis plus le faible poisson que j'étais autrefois. Je suis devenu quelqu'un, alors je dois agir.

Quelques tours de bocal pour m'échauffer. L'eau glisse sur mes écailles hydrodynamiques. J'accélère.

J'accélère tellement que le pirate, le coffre et les galets offerts par Léopold sont emportés dans un tourbillon. Ils sont comme avalés par une tornade. Cette mission très spéciale a pour nom de code « opération panier à salade-centrifugeuse électrique ». Je prends encore de la vitesse. Trois, deux, un ! Allumage du moteur. Propulseurs en marche. Je sens que je ne vais pas tarder à... non, j'ai déjà décollé.

Je voooOOoole !

C'est qu'il avait raison, le Léopold : les poissons ont bien des nageoires pour s'envoler. Je m'élance très haut, tout droit au-dessus de mon bocal, et je reste suspendu dans les airs. Arrêt sur image : des milliers de fines gouttelettes jaillissent autour de moi. La lumière qui pénètre dans la salle de classe les fait briller comme de minuscules étoiles. Peut-être que j'ai atteint la voûte céleste ou que je vais rejoindre la galaxie ? Ah, non ! En bas, il y a toujours cette horde de marmots. Ils m'observent, ébahis. Alors, je dois continuer à leur en mettre plein la vue. Il faut faire de ce saut quelque chose de prodigieux. J'effectue une virevolte tout en souplesse. Une figure aussi spectaculaire mériterait largement une médaille d'or de plongeon artistique aux Jeux olympiques. Et comme « ce qui monte doit nécessairement redescendre[9] », je me prépare non pas à fendre l'eau, mais à exploser comme une bombe. Adieu grâce, délicatesse et légèreté ! J'y mets tout mon poids.

SPLASHHHHH!!!

Splendide raz-de-marée ! L'eau du bocal déborde sur le bureau, recouvre les contrôles des élèves et le carnet de notes de la directrice. Mais je suis innocent. Voyez-vous une seule trace de sang sur mes nageoires ? Non, non, non. Et quand bien même : ç'aurait été un cas de légitime défense. J'ai fait tout ça pour Léopold, pour

9. C'est une loi d'un certain physicien. Je ne sais plus trop comment il s'appelle… Disons : Caviar !

effacer la tristesse de son visage, pour voir la satisfaction poindre à la commissure de ses lèvres et pour qu'il se rende compte de notre complicité. Cette victoire est la nôtre et j'accepte de partager un morceau de sceptre avec lui.

— Vous deux ! Sortez tout de suite et allez directement dans mon bureau. Je me chargerai de vous à la pause. Ça sera ma petite récréation !

Léopold emporte mon bocal. Dès que l'on a quitté la salle, il chuchote :

— Merci, Caviar, tu viens de me sauver la vie. Mais est-ce que tu l'as fait exprès ? Tu as réellement fait ça pour m'aider ? C'est une super offre de paix... même si tu m'as bien fait peur hier ! Tu sais, on pourrait vraiment devenir amis tous les deux... Enfin, si tu veux...

Lui et moi, des « amis » ? Je... Je ne sais pas quoi dire. On ne m'a jamais fait une telle proposition. J'en ai les barbillons qui se hérissent. Eh bien, après tout, pourquoi pas ? Ça pourrait être... amusant. Je ne peux pas refuser.

Je frétille aussitôt de la nageoire en le fixant. J'espère qu'il comprendra ma réponse.

— C'est vrai ? Tu es d'accord ? se réjouit Léopold. Je dois te confier un secret : moi aussi, je t'aime bien.

11

AÏE, AÏE, AÏE ! QUI SE FROTTE SE PIQUE
À LA DIRECTRICE AU JUGEMENT INIQUE.
MAIS, POUR SÛR, L'INTELLIGENCE
VAINCRA TANT DE MALVEILLANCE.

Après avoir traversé dix mètres de carrelage blanc et longé autant de murs immaculés, nous voilà devant la porte du bureau de la directrice. Il fait un froid polaire. Moi qui ai été habitué au climat tropical des salles de spectacle surchauffées, où les humains suent comme des mottes de beurre au soleil, j'ai l'impression que je vais finir en bâtonnet congelé d'une minute à l'autre.

Léopold frappe. Trois coups brefs et discrets.

— Entrrrrrez ! C'est pourquoi ? demande le secrétaire en ouvrant la porte.

— C'est la directrice qui m'envoie... pour... euh...

— Ah, mais c'est évident. Pour le poisson rouge, n'est-ce pas, mon garçon ? Elle m'en a déjà parlé. C'est sa véritable passion. Elle va donc l'emmener pour passer la soirée chez elle ? Oh ! Mais en attendant, il faudrait peut-être se débarrasser de ce capharnaüm. Que font ces Playmobil là-dedans ? Hop ! Poubelle ! Et puis, on va organiser une petite séance de nettoyage-récurage-astiquage.

Malheur ! Ce monstre vient de jeter **mes** affaires. **Mes** babioles personnelles ! **Mes** cadeaux ! De quel droit joue-t-il les experts en décoration ? Même si je n'étais pas convaincu au début, ce fouillis est finalement à l'image de ma vie riche, foisonnante, fourmillante d'idées et d'initiatives[10]. Les intérieurs feng shui, non merci ! C'est le vide sidéral, et je ne supporte plus ça.

---

10. Notez bien cet argument. À réutiliser sans modération. Valable pour les chambres, les tiroirs de bureaux, les cartables, les sacs de piscine...

Ça me fait déprimer et je ne suis pas le seul. Avez-vous entendu parler de cette étude très sérieuse menée sur un groupe d'un milliard de milliards d'enfants avec des chiffres archi-vrais et explicites ?

Eh bien, voici ce qu'elle montre :

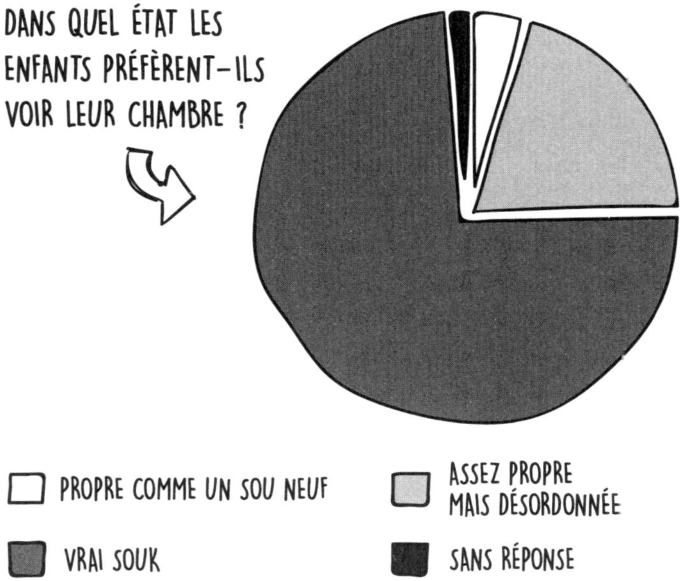

→ Vous observez que les marmots voulant une chambre « **propre comme un sou neuf** » (avec lit au carré, armoires rangées et linge plié, option léchage de sol sans risque de bactéries, sans papiers ni chaussettes sales sous le lit) sont extrêmement rares. Les pauvres ont sans doute subi un lavage de cerveau par des parents-tyrans tellement obsédés par l'ordre et l'hygiène qu'ils vont jusqu'à récurer les pensées de leur progéniture pour qu'elle ait les idées propres et saines comme eux.

→ L'option « **chambre assez propre, mais désordonnée** » remporte davantage de succès. Elle est une sorte de compromis qui permet d'avoir des affaires un peu partout, quelques moutons sous le lit, mais aucun cafard.

→ Pour les enfants, la chambre idéale est un « **vrai souk** », parce qu'ils n'y retrouvent rien (et surtout pas leur dernier contrôle complètement raté à faire signer – excellente excuse, non ?), hormis une fois de temps en temps des jouets égarés depuis des lustres, ce qui est une véritable source de bonheur.

→ Quant aux « **sans réponse** », il y a fort à parier qu'il s'agisse des quelques cas isolés qui ne sauraient émettre un avis, puisque leur chambre ne mérite plus de porter ce nom. Elle est devenue le *Royaume de Cafardie*.

Pour une fois, je dois avouer que je suis en accord avec les petits humains.

Léopold tient le bocal tout contre son cœur. J'en ressens les vibrations. Il a peur. Il doit trouver une idée, parce que l'horloge indique 9 h 30 et que, dans trente minutes exactement, la directrice va pointer le bout de son nez. Soudain, son visage soucieux s'éclaire. Eurêka ! Il a la solution !

— En fait, la directrice nous renvoie de la classe, car on a attrapé une maladie hyper contagieuse et elle craint que les autres élèves ne l'attrapent : **la gaspacho-entérite !**

— Quoi !? Je veux dire : comment ? Tu en es bien sûr ? Car si c'est le cas, il faut agir avant qu'il ne soit trop tard. Il y va de la survie des enfants de cette école – et aussi de la mienne ! Oh là là, quelle **horreur !**

À moi de jouer ! Vous avez déjà pu admirer mon talent d'acteur. Je tiens à signaler que le rôle que je vais interpréter est un rôle de composition, et je vous prie de garder ça en mémoire, car je suis la distinction incarnée, tout ce qu'il y a de plus éloigné de la trivialité dont je vais faire usage. Alors, que cela ne ternisse pas l'image de mon héroïsme !

Pour cette scène, je vais suivre la piste de Léopold et exploiter la thématique intestinale. Il me suffira d'imiter Jean-Bernard, spécialiste de la bombe atomique. Rien de plus simple ! Trois étapes :

1. BLOQUER LA RESPIRATION.
2. CONTRACTER LE VENTRE.
3. LÂCHER LA PRESSION D'UN COUP :

PRRRRROUT !!!

— Ça ne fait aucun doute : ce poisson a bien attrapé un virus. Il faut que vous partiez immédiatement. Sinon, vous savez ce qui va arriver ? Vos microbes vont se répandre comme une traînée de poudre, il y aura un contaminé, puis deux, trois, quatre… **cent !**

Et nous le serons tous ! **Vite !** Nous n'avons pas une minute à perdre ! hurle le secrétaire en décrochant le téléphone.

J'entends la sonnerie dans le combiné, puis une voix familière qui me rassure.

— Qui est à l'appareil ? demande Mémé.

— Ici l'école des Feuillantines. Venez chercher Léopold et son poisson de toute urgence, s'il vous plaît. Ils sont malades et sans doute extrêmement contagieux !

Mémé n'a pas le temps de répondre, le secrétaire a raccroché. Ouf ! Nous allons pouvoir nous faire la malle.

12

Veuillez bien me croire,
on a savouré cette victoire
avec une cheffe aux fourneaux,
qui sert le bonheur sur un plateau.

Est-ce que Mémé est venue nous récupérer ? Pas vraiment. Disons qu'elle n'a pas eu le temps d'enfiler ses chaussures confort spéciales dame du troisième âge que Léopold et moi, on était déjà rentrés tout essoufflés. Bon, je vous l'accorde, c'est le marmot qui a couru, mais je lui ai apporté un sacré soutien psychologique !

Léopold craignait que Mémé ne s'aventure dehors, parce qu'il lui arrive déjà de se perdre dans les couloirs de la maison. Alors si en plus de faire l'école buissonnière, on l'avait égarée, on aurait nettement aggravé notre situation. Il a donc franchi le grand portail de l'école en feignant de se tordre de douleur, puis il a mis le turbo en espérant que la directrice ne se lance pas à nos trousses. Dans les trois rues qu'on a dû traverser, ç'a été une vraie course d'obstacles. Il a fallu éviter les adeptes du lèche-vitrine collés aux devantures des magasins, les vieilles personnes qui « se hâtent avec lenteur[11] » et les automobilistes pressés. Je dois reconnaître que le petit a été surprenant.

Mémé n'a même pas évoqué l'appel du secrétaire. Sans doute l'a-t-elle oublié. Elle a posé son cabas, retiré le fichu-protège bigoudis qu'elle avait enfilé comme si elle se préparait à sortir faire les courses, puis elle s'est exclamée, heureuse :

— Ah ! Léopard, mon chou, tu es pile à l'heure pour le repas ! Je m'apprêtais à faire la cuisine. Hors de

11. C'est ce que dit La Fontaine de la Tortue qui se mesure au Lièvre dans sa fable, et il est vrai que, parfois, les vieilles gens ont quelque chose de ces reptiles (la peau ridée, peut-être ?).

question de manger le plateau-repas que ton père a fait livrer. Attention, Mémé passe aux fourneaux !

Elle prend une feuille de journal, la plie en un tournemain et dresse une grande toque sur ses grosses boucles blanches.

— Asseyez-vous et laissez Mémé Jeanne vous inviter dans son ★★**RESTAURANT 4 ÉTOILES**★★.

Léopold me pose sur la table et je regarde la cheffe la plus toquée du monde à l'œuvre. Elle sort poêles à frire et casseroles et, en percussionniste hors pair, nous fait un concert du tonnerre. Jamais batterie de cuisine n'a mieux porté son nom. Tout en préparant le plat, elle chante à tue-tête et elle me rappelle tellement Miss Silver que je ne résiste pas à l'envie de l'accompagner. Je suis plutôt content du résultat : on est en parfaite harmonie. On forme un sacré duo !

Le problème, c'est que Mémé ne fait jamais les choses à moitié. Pendant ce spectacle, elle met vraiment le feu – au sens propre comme au figuré.

— Mémé, ça brûle ! la prévient Léopold, en toussant à cause de la fumée qui s'échappe de la viande.

— Normal, mon petit. Le déjeuner est prêt ! Steak grillé et pommes de terre flambées, annonce-t-elle en servant deux assiettes carbonisées. Et maintenant, le repas de Cagnard ! Chaud devant !

Cette fois-ci, ce n'est plus seulement la cuisinière qui parle, mais une cow-girl sortie tout droit d'un western. Elle porte la main à son tablier, l'enfonce dans sa poche et dégaine un tube multicolore qu'elle déverse dans mon bocal.

— Je suis celle qui tire plus vite que son ombre, lâche-t-elle en soufflant sur son arme imaginaire. On m'appelle Calamité Jeanne.

— **Waouh !** s'écrie Léopold. Des Smarties !

Décidément, la Mémé du Far West n'a pas perdu la boussole pour tout ! Les petits bonbons flottent à la surface de l'eau, et bientôt les couleurs se diluent. Je m'approche prudemment, j'ouvre la bouche et – **GLOUPS !** – j'en gobe un, puis deux, puis trois.

Hummmmmmm ! Quel délice ! Ces granules ont le cœur délicatement chocolaté et fondant à souhait. Merveilleux ! C'est un arc-en-ciel sur mes papilles !

13

LES PETITS PLAISIRS DE LA VIE ET AUSSI LES GRANDES FOLIES SONT LES GAGES DU BONHEUR QUI MET HAUT LES CŒURS.

— Mon chéri, à présent, nous allons réaliser une fresque à la manière de… Comment s'appelle-t-il déjà ?… Ah… J'ai son nom sur le bout de la langue. Ça commence par Mi… Mickey…

— Mickey Mouse ?

— Ah oui, c'est ça. Comme le grand peintre Mickey Mouse, déclare-t-elle en étalant pinceaux et tubes de gouache sur la table.

Bon, personnellement, je pensais plutôt au grand *Michelangelo di Lodovico Buonarroti Simoni*, alias *Michel-Ange*, mais aujourd'hui, je me contenterai des fantaisies de notre Leopoldo.

— Opération « décoration de la cuisine façon Bora Bora », lance Mémé en commençant à peindre un palmier.

Avec tous ces cocotiers, ce gros soleil, le ciel et la mer sur les murs, j'ai l'impression d'avoir pris un billet pour les îles.

Pendant que Léopold finit de jouer les artistes, Mémé s'éclipse une seconde et revient avec une médaille d'or à la main. C'est la récompense de Léopold pour sa dernière compétition de judo. Elle l'a trouvée un jour au fin fond d'un tiroir du buffet où Prunelle l'avait « soigneusement rangée » sous un tas de papiers. Mémé l'a exposée sur sa table de chevet, parce que pour elle, ça vaut un trophée des Jeux olympiques.

— Pour la suite des réjouissances, c'est l'heure du Bubblegum championship ! Trois adversaires redoutables vont s'affronter. À gauche, le jeune… euh…

— Léopold, Mémé !

— Léopold. À droite, son fidèle Caviar-le-bavard-prince-cabochard. Et enfin, au milieu, Super Mémé, très en forme à cette heure. À vos chewing-gums, prêts, partez ! dit-elle en distribuant des dragées goût fraise.

Je sens que l'on va bien s'amuser.

Si un jour Léopold m'a nommé « truc qui fait des bulles », le moment est venu de conquérir mes lettres de noblesse et d'élever cette discipline au rang d'art. Alors, grâce à mes mâchoires pharyngiennes, je prépare la pâte pour qu'elle ait la texture la plus propice. Mes concurrents font de même, mais à peine une bulle naît-elle sur leurs lèvres qu'elle éclate.

— Un poisson sachant buller sans bulleur est un savant bulldozer, lance Mémé en inventant un de ces charabias dont elle seule a le secret.

— Le bulleur sachant ôter les bulles d'un bulletin est mon fabuleux bulleur, répond Léopold en écho.

Ces encouragements me poussent à donner le meilleur de moi-même. Grâce à eux, je vais me surpasser. Alors je souffle, je souffle, je souffle, et la bulle grossit, grossit, grossit et ne s'arrête de croître que lorsqu'elle touche les parois du bocal.

— Bravo à notre grand gagnant ! clame Mémé en laissant choir son dentier juste à côté de moi, une fois la bulle dégonflée. Nous accorderiez-vous une courte interview ?

14

POUR LA PREMIÈRE FOIS, ON M'A COMPRIS, ET JE DÉCOUVRE QUE LA FAMILLE N'EST PAS SEULEMENT QUESTION DE GÈNES MAIS DE COMPRENDRE CEUX QUI VOUS AIMENT.

— Caviar, pourquoi as-tu de si **grandes** nageoires ? m'interroge Léopold.

Voici Mémé dans le rôle de l'interprète. La connaissant, je suis sûr que ça sera du *100 % imagination débordante*. Elle me fait signe de chausser son dentier et je m'exécute. Je trouve qu'il me va comme un gant.

— Les nageoires ? Facile ! C'est pour mieux voler, mon enfant, traduit Mémé.

— **Waouh !** Comme pendant ma leçon de sciences ! Et les écailles ? Pourquoi en as-tu autant ? demande le marmot.

— Pour ne pas me balader tout nu, pardi ! s'exclame Mémé. Est-ce que tu te promènes sans caleçon, toi ?

— Caviar, pourquoi as-tu les yeux tout tristes parfois ? Est-ce que tu es malheureux avec nous ? me questionne encore Léopold.

— Ça n'est pas exactement ça. C'est une longue histoire. Si je te la raconte, tu dois me promettre de ne pas me couper et de m'écouter attentivement, le met en garde Mémé.

— Promis ! acquiesce le gamin.

J'avais bien remarqué que Mémé n'était pas tout à fait une humaine comme les autres, mais je vais de surprise en surprise. J'ai toujours du mal à y croire : figurez-vous qu'elle me comprend ! Elle n'a pas déformé une seule de mes paroles. J'ai comme l'impression que ce dentier y est pour quelque chose. Après tout, peut-être qu'il est magique.

— Alors, voilà : toute l'histoire de Caviar a commencé il y a bien longtemps. Enfin, ça n'est pas si ancien que ça, mais tu n'étais pas encore né. En réalité, je ne sais pas exactement qui il était avant de devenir célèbre. Oui, tu m'as bien entendue : Caviar était une star. À l'époque, il chantait avec Miss Silver et on l'appelait Goldy. Quand je les ai entendus, je les ai tout de suite adorés. Ils étaient é-pous-tou-flants ! On les voyait sur les plus grandes scènes du monde entier et, partout où ils passaient, ils étaient acclamés, adulés comme des dieux. Dans les concerts, on scandait leur nom en attendant que le rideau s'ouvre : « **Miss Silver, Goldy ! Miss Silver, Goldy ! Miss Silver, Goldy !** » C'était l'hystérie.

Mémé m'en bouche un coin. Elle sait tout de moi dans les moindres détails. C'est comme si Alzheimer n'avait pas effacé ces souvenirs-là. « Alzheimer a ses raisons que la raison ignore », dirait le philosophe. Ça doit être un miracle.

— Mémé, comment as-tu reconnu Caviar ? Enfin, Goldy…

— Facile ! s'exclame-t-elle, fière de sa perspicacité. Tu connais beaucoup de poissons rouges avec d'aussi jolies zébrures ? Moi, non. Il est unique !

— Et comment as-tu fait pour retenir tout ça, Mémé ?

— Tout est conservé dans mon jardin secret. Attends-moi là une petite minute.

Elle sort de la cuisine et réapparaît avec un cahier sous le bras.

— Ouvre ça, mon garçon.

— Mais, c'est mon Caviar dans le journal ! s'écrie Léopold, ébahi, en parcourant le carnet rempli de cou-

pures de presse. Je le reconnais sur cette photo, et aussi sur celle-là ! Il est partout !

— Oui, surtout dans le magazine très people *Voili voilou*. Regarde, elle, c'est Miss Silver, son ancienne maîtresse. Ici, ils sont en Amérique ; là, en Angleterre, en Chine, en Australie… Je collectionnais tout ce qui les concernait. J'étais leur plus grande fan !

— Mais pourquoi ne me l'as-tu pas dit plus tôt ?

— Parce que c'est un secret, mon chéri. D'ailleurs botus et mouche cousue… Je veux dire motus et couche bousue.

— Caviar, je comprends pourquoi tu es triste, maintenant, murmure Léopold en plongeant ses yeux dans les miens. Ton ancienne maîtresse te manque et tu regrettes ta vie d'avant. Mais tu sais quoi ? Je te promets que je vais tout faire pour que tu redeviennes une star. D'ailleurs, je t'accompagnerai partout avec ma super flûte à bec. À l'école, ils seront verts de jalousie.

Sur ces mots, il court dans sa chambre et revient avec son pipeau. Il se met à me jouer un morceau et mes écailles frissonnent, mes nageoires frétillent, le swing s'empare de mon corps et m'envoûte. Je ne peux pas m'en empêcher :

JE CHAAANNNTE !

Ah ! J'en suis encore tout remué, et je l'assume. Cette fois, je crois que je vais pleurer. Ces deux-là me comprennent et savent tout de moi. Ils sont ma nouvelle famille.

15

SI VOUS ÊTES HEUREUX DE VIVRE,
SOYEZ DE POÉSIE TOUJOURS IVRES.
SOUS UNE BELLE NUIT D'AUTOMNE,
CHANTEZ LA LUNE QUI RAYONNE.

Jean-Bernard ouvre la porte. Tout est normal, calme et rangé. On pourrait croire que je n'ai fait que buller dans mon bocal – ce qui n'est pas tout à fait faux –, que Mémé a ronflé dans son rocking-chair tout l'après-midi et que Léopold s'est mis à faire ses devoirs sans rechigner – ce qui est moins vraisemblable.

Tout à coup, juste avant d'entrer dans le salon, il pousse un **cri.**

— Léopold ! Horreur ! Malheur ! Je l'ai oublié à l'école ! Vite, mes clés de voiture ! Où sont-elles ? Belle-Maman !

— Pauvre Jean-Renard, rétorque Mémé, vous n'êtes pas très futé. Ouvrez les yeux !

— Quoi ? Mes clés ? Où ?

— Non, pas vos clés, votre fils !

— Ah, mais oui ! Qu'est-ce que tu fais là ?

— Je me doutais que tu m'oublierais, alors je suis rentré tout seul avec Caviar.

— Vous voyez bien, mon gendre, la Terre tourne sans vous. Vous n'êtes pas le centre du monde. Oh, à propos, les clés, elles sont dans la poche arrière de votre jean.

Mémé vient encore de mettre Jean-Bernie **K.-O. !**

Quand Prunelle arrive à la maison, il est tout penaud, comme un enfant que l'on aurait grondé. Il passe l'incident sous silence et la soirée se poursuit sans heurt.

Le problème, c'est qu'après une telle hyperactivité, Mémé ne peut pas s'arrêter en si bon chemin. Au beau milieu de la nuit, elle se lève, allume la lumière, attrape un peignoir de bain dans son armoire et enfile ses souliers.

— C'est bizarre, j'ai l'impression d'avoir oublié de faire quelque chose aujourd'hui. On m'a téléphoné pour me demander un service, mais lequel ? s'interroge-t-elle, alors que l'appel du secrétaire de l'école lui revient vaguement à l'esprit. Oh, mais bien sûr ! Mon pauvre Ca... Cabochard... Casoar... Canular[12]... Zut, je ne sais plus ! Enfin, bref, je crois que l'on devait aller t'acheter des Smarties, non ? Vite, au magasin !

Ma foi, je ne vais pas la contrarier. Je suis tellement affamé que je dévorerais un requin, si j'en avais un sous la nageoire. Mais est-ce que ça n'est pas risqué, quand même ?

Trop tard. Mémé emporte mon bocal, et alors qu'elle s'apprête à quitter la chambre, elle revient sur ses pas pour prendre un élément primordial : son dentier !

12. Vous aurez remarqué que Mémé n'a pas trouvé mon nom et que je ne me vexe même pas. C'est dire si je l'ai adoptée, cette grand-mère. D'ailleurs, j'admire son vocabulaire. Je crois que jamais je ne jouerai au Scrabble contre elle.

Elle s'introduit ensuite dans celle de Léopold qui, dans un demi-sommeil, se lève et la suit sans mot dire. Je ne peux plus l'arrêter. Elle ferme discrètement la porte et, une fois dehors, elle trottine derrière son déambulateur.

L'escapade nocturne sous la pleine lune est une expérience magnifique. Les astres scintillent dans la nuit noire. J'attrape au vol une étoile filante pour faire un vœu : que l'on reste heureux à jamais ensemble et que Mémé recouvre parfaitement la mémoire pour se souvenir de tout ce que l'on vit. Mais « à jamais », combien de temps ça dure ? Mémé n'est pas immortelle. J'ai compris avec Miss Silver que personne ne l'est.

— J’ai sommeil, bâille soudain Léopold.

— Moi aussi, répond Mémé en s’asseyant sur un banc du parc municipal pour se reposer.

Léopold met la tête sur ses genoux cagneux et regarde le ciel. Comme lui, j’observe la voûte céleste dans le silence entrecoupé par quelques ululements de chouettes et les cris perçants de vulgaires matous qui s’entredéchirent avec leurs griffes acérées. Nous, les poissons, sommes beaucoup plus pacifiques – exception faite des combattants, mais je ne suis pas de cette espèce irascible. D’ailleurs, vous avez remarqué l’effet que la nature a sur moi ? Je deviens hypersensible et je me mettrais presque à faire de la poésie.

Tout à coup, j’entends un bruit étrange qui se rapproche. Des feuilles mortes sont déplacées. Mémé sursaute et me serre contre sa poitrine. Et si c’était un kidnappeur de grands-mères noctambules ou un voleur de déambulateurs ?

Attention, Mémé ! Non, je n’ai pas peur. Il n’y a qu’à me voir pour comprendre que je suis vaillant et que rien ne m'effraie. Pas même… Oh ! Un hérisson ! Qu'il garde quand même ses distances, je ne voudrais pas que Mémé attrape ses puces. D'ailleurs, il faudrait peut-être songer à retourner à la maison. L'heure tourne, le petit a besoin de son lit. Dans quelques heures à peine, il devra partir pour l'école. Allez, Léopold ! Réveille-toi !

— Quand est-ce qu'on rentre ? demande-t-il en ouvrant un œil.

— Bientôt, mon chéri. Enfin, il y a comme un tout petit souci… Je ne sais plus vraiment par où je dois passer.

— Est-ce qu'on est perdus ? s'inquiète-t-il.

— Perdus… Non… Pas vraiment. Je crois que ça doit être tout droit, à gauche, puis la deuxième à droite et encore à droite. Ou alors à gauche. Zut !

Heureusement, une idée a traversé son esprit. Elle ouvre son peignoir et brandit son Super-bip-bip 2000 flambant neuf, le nec plus ultra des bipeurs pour personnes âgées en perte d'autonomie qu'a acheté Prunelle il y a deux semaines.

— Je pense que notre retour va être beaucoup moins fatigant que prévu, dit Mémé. J'espère qu'un beau et grand jeune homme va venir nous récupérer.

BIP BIP !

Hep ! Taxi !

16

*Parfois, les comptes se règlent
d'un petit coup de dents espiègle
Et, s'il faut se séparer,
l'important est de ne pas s'oublier.*

Mauvaise pioche ! **CRRRRRRRRRRIIIIIIIII !!!**
COUIC COUIC ! CLAAAACcc !

Deux hommes en uniforme bleu débarquent. Ils font crisser leurs pneus épais qui sentent le caoutchouc chaud. Quand ils quittent leur siège, les suspensions couinent et les portières grincent avant de claquer. Il est minuit passé. On sait bien que les carrosses sont redevenus citrouilles.

— Pas d'inquiétude, Madame. On ne vous veut aucun mal, dit l'un des deux bonshommes.

— Qui êtes-vous ? se méfie Mémé.

— Police. Agents Freddy et Chris, se présentent-ils tour à tour.

— Et moi, je suis la reine d'Angleterre, ironise Mémé. Au revoir.

Elle se lève et se met en chemin, mais aucune chance de s'échapper avec un bolide qui roule à 2,5 km/h.

— Madame, vous avez bien déclenché le dispositif d'urgence médicale ?

— Oui... Enfin..., avoue-t-elle, faisant mine de réfléchir pour gagner du temps avant d'ôter discrètement son dentier pour me le passer.

— N'ayez crainte, ma petite dame. On est là pour vous aider, dit le premier policier. Les parents du gamin nous ont appelés. Ils sont drôlement inquiets. Vous leur avez fait une belle frayeur. Il faudrait penser à prendre un vrai animal de défense avec vous. Pas une bestiole décorative à poser sur la cheminée.

— Oui, un berger allemand, par exemple, affirme le second, en essayant de me caresser le ventre. Gouzi-gouzi !

Je lui fais alors mon plus beau sourire – celui avec trente-deux dents bien alignées, et au moment le plus opportun :

CRRRROCCCCC !

— Aïeeuuh ! Mais ce poisson a des dents ! pleurniche l'agent.

— Oui, c'est ça, se moque son collègue, et les poules aussi, à ce qu'il paraît.

Et quand ce dernier se penche pour m'observer, je m'élance vers son énorme tarin.

— AÏE ! AÏE ! AÏE ! Madame, est-ce que vous savez que la loi prévoit que les animaux dangereux soient tenus en laisse ou muselés ? Il faudra réfléchir à une solution efficace, avertit le policier, dont le nez rougit à vue d'œil.

Ma complice n'a que faire de ses conseils et elle les ignore totalement. Elle reprend son dentier et, après de longues minutes de négociation, elle finit par accepter de monter « calmement » dans le fourgon, en échange d'un passage à l'épicerie de nuit.

Léopold est réveillé. Un de ses rêves se réalise – petit clin d'œil aux étoiles. Il est assis sur la banquette de devant à côté du conducteur. Il a même le droit de faire marcher le gyrophare.

Vingt minutes plus tard, on est à la maison. Aussitôt, Prunelle ouvre la porte. Jean-Bernard-très-ringard arrive derrière elle en robe de chambre écossaise.

— Qu'est-ce que vous fichiez dehors à une heure pareille ? s'en prend-il à sa belle-mère.

— Monsieur, attention à ce que vous dites ! prévient un des policiers, un peu surpris de cette réaction.

— Oui, oui, pardon, râle Jean-Bernard. Enfin, tout de même, j'aimerais bien savoir ce qui lui est passé par la tête ! Disparaître comme ça et mettre Léopold en danger...

— Je comprends votre inquiétude, monsieur, mais cette dame n'est de toute évidence pas complètement responsable de ses actes, voyons ! Elle a beau avoir un biper pour personne en perte d'autonomie, vous devriez être plus attentifs à ses allées et venues.

— C'est que ma mère n'avait encore jamais été sujette à une telle crise, intervient Prunelle. Ça ne fait que quelques mois qu'on lui a diagnostiqué la maladie d'Alzheimer, et nous ne pensions pas que ça pouvait aller jusque-là... aussi vite.

— On a pourtant bien dû vous expliquer qu'il fallait veiller davantage sur elle, souligne le premier policier.

— Vous lui avez certes acheté un poisson-garde du corps, commente le deuxième homme, mais toute la sécurité ne peut pas être remise entre ses nageoires.

— Très drôle, se vexe Jean-Bernard.

— Je ne vois pas ce qui vous fait rire. Nous sommes très sérieux. Vous savez, ce genre de problème risque de se reproduire, et elle pourrait faire des choses plus dangereuses qu'une escapade au clair de lune. Avez-vous déjà entendu parler de la maison de retraite des Rossignols ? Peut-être que la petite dame serait plus à sa place là-bas. C'est une très bonne institution, et ce n'est pas loin du tout.

À ces mots, Prunelle a les yeux qui se remplissent de larmes. Même Jean-Bernard a l'air triste.

— Vous n'avez sans doute pas tort. Ce serait plus raisonnable, confirme-t-il avec un brin d'émotion dans la voix.

— Nous n'avons pas toujours été parfaits, j'en conviens, soupire Prunelle, mais on fait ce qu'on peut... Enfin, on essaie...

— Je ne veux pas que ma Mémé s'en aille. Je veux qu'elle reste avec nous pour toute l'éternité, sanglote Léopold.

— Pour une fois, je dois dire que je suis entièrement d'accord avec mon beau-fils, intervient soudain Mémé au plus fort de sa lucidité. Et puis, Léopold chéri, tu viendras me voir dans mon nouveau chez-moi. Ce sera comme une colonie de vacances, mais avec d'autres papys et mamies. Tu sais que, nous, les vieillards, on adore s'amuser !

— Et Caviar ? Tu vas lui manquer.

— Il me manquera également, mais il me rendra visite en même temps que toi. Pas vrai ?

C'est le moment ou jamais : il faut que je fasse quelque chose, que moi aussi je montre que je les aime. Alors, je remonte à la surface, et quand Léopold plaque son visage contre le bocal, je lui fais un **SMACKKK** tout doux.

Le policier en reste pantois.

— Hé, Freddy, tu as vu ça ? On croirait que le

poisson a suivi toute notre conversation. Drôle de bête. Il ne lui manque décidément que la parole.

Rectification, triple nigaud ! Ce sont tes esgourdes qui te font défaut. Moi, la parole, je la maîtrise, et mieux que quiconque ! C'est même ma spécialité ! Écoute-moi cette chansonnette.

17

C'EST LA BELLE VIE, LA VIE NOUVELLE, QUI AIME PART À TIRE-D'AILE ET, POUR NAGER DANS LE BONHEUR, RIEN DE TEL QU'UN BON BULLEUR.

D'après mes connaissances sur le sujet, la maison de retraite doit ressembler à une grande école, mais peuplée de personnes âgées. Au lieu de jouer au ballon dans la cour, les résidents font des parties de belote ; et plutôt que de brailler juste pour s'amuser, ils crient à cause de leur surdité.

Aujourd'hui, c'est l'emménagement de Mémé. Alors que l'on s'apprête à aller dans sa chambre, elle nous quitte, va s'attabler avec un vieux monsieur et engage la conversation. Prunelle préfère la laisser en bonne compagnie et nous emmène à l'étage.

Le studio exigu est déjà encombré d'un lit, d'une commode, d'une armoire, d'une table de chevet et d'une chaise percée. À cela, Jean-Bernie et elle ajoutent tous les effets personnels et les bibelots de Mémé. Ce bric-à-brac fait penser à une boutique de brocanteur. Bien sûr, les rires de Léopold, mes blagues et les chamailleries avec son beau-fils manqueront à Mémé, mais je crois qu'elle devrait vite se faire à ce joyeux méli-mélo.

D'ailleurs, la voici qui arrive.

— Oh, Maman, entre ! l'accueille Prunelle avec un sourire forcé. Regarde. On vient de finir de ranger tes deux valises. Tu vas voir : cet intérieur est vraiment très... euh...

— Détends-toi, Pimprenelle ! Tout va bien. Je dirais même plus : « tout est pour le mieux dans le meilleur des mondes », jubile Mémé, dont la gaieté cache selon moi quelque chose. Et maintenant, mes enfants, laissez-moi m'installer et ne vous faites aucun souci. Est-ce que je ne suis pas une grande fille responsable ?

« Responsable ? » Ce n'est pas vraiment le mot que j'aurais employé pour parler d'elle. Néanmoins, je fais confiance à sa joie de vivre, qui l'aidera à faire face à la situation sans difficulté.

Première visite. Il y a une semaine que Mémé vit dans son charmant capharnaüm et elle se sent déjà chez elle.

— Maman, tu es bien sûre que tu te plais ici ? insiste Prunelle, qui culpabilise encore.

— Oui, j'en suis certaine. Mais je dois vous faire part de la décision que j'ai prise de déménager.

— Quoi ? Comment ? Où ? s'inquiète Jean-Bernard.

— Mon gendre, n'ayez crainte, je n'ai aucune intention de rentrer au bercail, le rassure Mémé. N'y voyez aucun mal et n'allez pas vous imaginer que je ne vous aime pas. C'est juste que je suis à ma place dans cette maison et que j'ai retrouvé mon prince charmant. Je vais vivre chez lui, à l'autre bout du couloir.

Mémé est amoureuse ? C'était donc ça, ce sourire d'extase sur ses lèvres l'autre jour ! Je me doutais bien qu'elle nous réservait une surprise. Tout à coup, on tape à la porte et le monsieur qu'elle a abordé à son arrivée entre.

Il claudique un peu, comme elle, et comme elle aussi, il a le visage heureux.

— Je vous présente Pépé Angel, déclare Mémé. L'amour de mes vingt ans.

— Anselme, lui souffle le vieil homme au creux de l'oreille. Moi, c'est Anselme, ma princesse adorée, mais ça n'a pas d'importance. Et qu'est-ce que tu as dit, au fait, à propos de mes vingt dents ? Tu sais bien que je n'en ai plus que quatre en réalité.

— Qu'importe ! Seize de plus ou seize de moins, tant qu'on s'aime ! se réjouit Mémé, en lui déposant un baiser sur la bouche.

Si j'étais lui, je me méfierais quand même de la fougue qu'elle met dans ses bisous, parce que quand le dentier de Mémé mord, je peux vous assurer qu'il croque dur !

— Je ne suis pas certaine de bien comprendre, Maman.

— C'est pourtant très simple, Ombrelle. Mais assieds-toi donc sur mon lit, parce que je ne voudrais pas que tu te casses le coccyx en tombant quand je t'aurai annoncé la seconde nouvelle. Je te rappelle que j'ai besoin que tu sois en pleine forme pour emporter mes affaires.

— Qu'est-ce que vous allez encore nous inventer ? intervient Jean-Bernard.

— Une fois installés, Pépé et moi allons nous marier, déclare Mémé très solennellement.

— **Youpi !** s'exclame Léopold en applaudissant.

Je n'avais jamais vu Prunelle et Jean-Bernard dans cet état. Ils restent muets et immobiles, incapables d'articuler la moindre parole. Je crois qu'elle leur en a bouché un coin.

— Bon, je ne voudrais pas vous presser, mais vous avez du pain sur la planche ! fait Mémé en emportant mon bocal sur son déambulateur.

Pépé Anselme et elle se dirigent vers leur chambre nuptiale, précédés par Léopold, qui gambade dans le couloir en proclamant l'heureuse déclaration d'amour à qui veut – et peut – l'entendre (assez peu de monde finalement, puisque les trois quarts des résidents sont durs de la feuille).

La chambre de Pépé Anselme est jolie. Il a accroché des photos et des tableaux colorés sur les murs, ce qui la rend très gaie. **OH !** Mais que vois-je ? Est-ce que je souffre d'une hallucination ?

SURPRIIIIISE !!!

Un aquarium de 100 litres avec pompe ultraperformante et néons ultrabrillants intégrés, superbe miroir et petits cailloux argentés. Mais je rêve !

— **WAOUH !** s'ébahit Léopold.

Je ne cache pas non plus mon enthousiasme : je tourne très vite dans mon bocal et frétille des nageoires. Si seulement je pouvais me dégourdir un peu les écailles et faire **plouf-plouf-glou-glou** dans ce spa de luxe. Snif ! Je suis tellement… Snif ! tellement à l'étroit ici que je me sens tout ankylosé.

Léopold me jette un coup d'œil. Je crois qu'il me comprend.

— Oh, Pépé, steuplaît, dis oui, dis oui, dis oui ! Est-ce que Caviar peut aller faire **plouf-plouf** dans le grand bain ?

Bon, il a oublié les indispensables glouglous du jacuzzi, mais je ne lui en veux pas car, grâce à sa tête d'ange, je gagne une séance bien-être et détente gratis.

Ah ! Ça vaut bien une petite chanson.

JE SUIS COMME UN POISSON DANS L'EAU, OH OH OH
JE FAIS LA PLANCHE, JE ME LAISSE DÉRIVER, OH YEAH !

Qui l'eût cru ? Le bonheur, c'est aussi simple que de faire trempette chez Pépé Anselme.

Quand, une demi-heure plus tard, les affaires de Mémé sont rangées, j'ai l'impression que Jean-Bernard et Prunelle font tout pour partir le plus vite possible, et je crois bien qu'ils comptent faire semblant de m'oublier dans la précipitation.

— Belle-Maman, ce n'est pas qu'on s'ennuie, mais on a du travail qui nous attend à la maison, argue le gendre soi-disant débordé.

— Ah oui ? Je pensais que c'était le week-end, réplique Mémé.

— Oui, et puis, je dois préparer le repas, dit Prunelle.

— Oh ! Tu veux sans doute parler de la quiche surgelée du samedi soir ?

Léopold, lui, ne m'a pas oublié. Il me cherche du regard dans la grande piscine.

— Maman, Papa, et Caviar ?

— Oh, Caviar, bien sûr... On allait le... le récupérer, affirme Jean-Bernard en donnant un coup de coude à sa femme. N'est-ce pas, Prunelle ?

— Oui, évidemment !

Et au moment où Jean-Bernard plonge l'épuisette dans l'aquarium, je suis envahi par la tristesse.

♫ J'AI LE BLUES-OU-OUSE ! Et ça doit se voir, parce que Léopold me jette un drôle de regard.

— Papa, Maman, commence-t-il très sérieusement,

je crois que Caviar doit rester ici. Il sera beaucoup mieux s'il a de l'espace et un pépé et une mémé pour prendre soin de lui.

— Sage décision, le félicite Jean-Bernard, qui profite de l'occasion qui lui est donnée de se débarrasser de moi.

Moi, je suis très ému. Heureusement que l'on ne me demande pas de faire un choix, car ç'aurait été un véritable dilemme : perdre Mémé et le confort qui m'est offert et rester fidèle à Léopold ? Ou quitter mon marmot préféré et vivre avec la vieille dame la plus drôle, la plus géniale et la plus déjantée de la galaxie ?

C'est sûr que je me sens comme une sardine en boîte dans ce bocal, mais j'ai du mal à supporter que le gamin se sacrifie pour moi. Il va se retrouver vraiment tout seul cette fois : plus de Mémé, plus de poisson. Je perçois l'importance que j'ai désormais à ses yeux. Pour lui, je vaux bien plus que quelques tickets à la kermesse : je suis son meilleur copain, son grand frère (enfin, petit par la taille, grand par l'esprit).

On pose la tête sur la paroi de l'aquarium, chacun de son côté. On est front contre front. Il me murmure quelques mots de réconfort.

— Je t'aime, mon Caviar. Ne t'inquiète pas : je viendrai vous voir tous les samedis et on rattrapera le temps perdu. Parole de Léopold.

18

GARE À L'HABITANTE
QUI N'EST PAS MARRANTE.
TIENS-LUI BIEN TÊTE
À CETTE TROUBLE-FÊTE.

On vient de commettre une erreur. J'aurais dû me douter que c'était trop beau pour être vrai. Il y avait anguille sous roche ! En fait d'anguille, voilà ce que j'ai découvert dans mon nouvel aquarium grand luxe : une femelle cyprin doré ! Sors-moi de là, Léopold, je veux rentrer avec toi !

Quand tout le monde est parti, la poissonne a quitté sa cachette. J'en frémis encore d'horreur. Elle m'a pris en traître, c'est affreux ! Je sais déjà qu'elle va commencer par respirer tout mon oxygène et manger toute ma nourriture. Bientôt, je ne serai plus qu'un pauvre poisson cyanosé et affamé. Ensuite, elle va me forcer à écouter ses bavardages incessants. Parce que, je l'ai remarqué, les femelles, comme Miss Silver (ma référence ultime), ça cause tout le temps, sans repos. Comment ça, moi aussi, je suis bavard ? Vous rigolez, j'espère ! Je ne devise que de choses très importantes.

— Bienvenue chez moi, fait la poissonne.

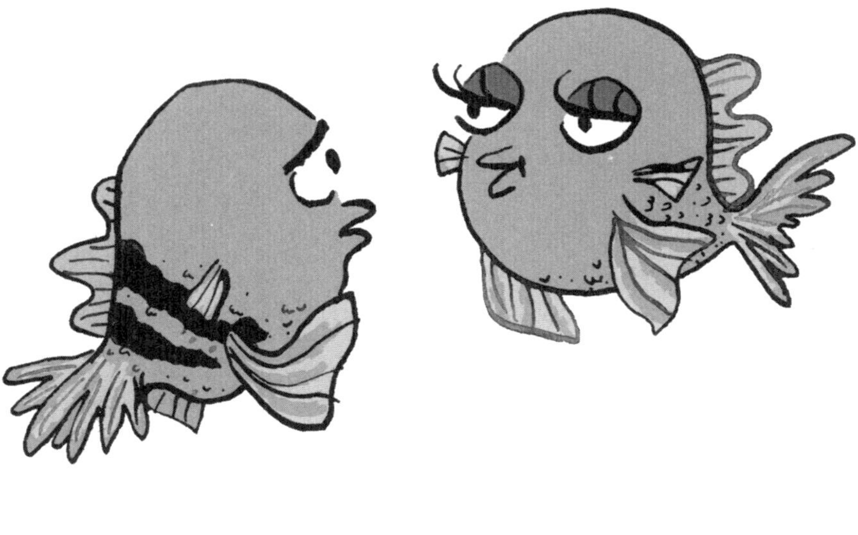

Comment ça, « chez elle » ? Je n'ai pas du tout envie que l'on me traite en invité. D'accord, elle était là avant moi, mais je ne veux pas de son hospitalité. Puisque c'est comme ça, c'est décidé, je vais rester tranquillement dans mon petit coin et je n'en sortirai que quand la voie sera libre.

Sauf que... impossible de m'isoler. Elle me poursuit, et je peux vous assurer qu'elle a une sacrée endurance, la championne du quatre-vingts centimètres nage libre ! N'arriverai-je donc jamais à lui échapper ?

— C'est une impression ou tu m'évites ? constate-t-elle.

— Bien sûr que je t'évite. Tu es une femelle ; moi, un mâle. Chacun son territoire. C'est préférable, si l'on doit cohabiter, lui expliqué-je.

— Quelle étrange idée ! Je suis certaine qu'on pourrait s'entendre à merveille, essaie-t-elle de me convaincre.

— Moi pas, ma petite dame !

— Comment ça, « ma petite dame » ? s'emporte-t-elle.

Je te signale que je mesure environ cinq centimètres de plus que toi, espèce de jeune mâle prétentieux, capricieux, pourri gâté et mal éduqué. Poisson à sa mémère !

— Va pour « poisson à sa mémère », acquiescé-je, mais pour le reste, j'aimerais apporter quelques rectifications : je ne suis ni pourri gâté, ni mal éduqué, ni prétentieux. Je suis juste pleinement conscient de mon talent mondialement reconnu et, hormis Mémé et Léopold, je n'aime voir personne et préfère être seul.

— Un talent mondialement reconnu dans ton bocal ? se moque la femelle.

— Mondialement dans le monde entier, **MôÔÔôdame**, précisé-je.

— Ah, je comprends : **MôÔÔôssieur** se prend pour une star.

— Nuance : JE SUIS une star.

KEUF ! KEUF ! KEUF ! Je suis à bout de souffle à force de nager dans tous les sens, et à court d'arguments.

Cette poissonne est décidément pire que le pire des humains – et même pire que Jean-Bernard, Prunelle, la directrice et son secrétaire réunis.

Bon, Caviar, ressaisis-toi, nom d'une baleine à bosse ! Tu ne vas quand même pas te laisser faire et essuyer tous ses sarcasmes ? Non !

Je prends une sage décision : pour marquer mon territoire et éviter de voir la poissonne empiéter sur mon espace vital, je trace une ligne dans la rocaille avec ma nageoire. Voilà qui devrait suffire.

— Ici, c'est chez moi ; là, c'est chez toi, dis-je. Compris ? J'emporte mes affaires, et au revoir !

— Au cas où tu l'aurais oublié, espèce de cervelle de poisson rouge sous-évolué et amnésique, ici, c'est MON aquarium ! J'y ai toujours vécu et, si je le décide, tu fais ton balluchon *illico presto*. Je dois te traduire l'italien ?

— **HA HA HA !** Sûrement pas ! Tu ne sais pas à qui tu t'adresses. Je te signale que je connais par cœur les classiques de l'opéra de Giuseppe Verdi. Et je ne bougerai pas ! affirmé-je.

— On va voir ça. Attention les oreilles !

La poissonne ouvre grand la bouche, expulse des bulles énormes par les branchies et se met à vocaliser avec une puissance telle que la vitre vibre, que l'eau remue comme la mer en pleine tempête.

— STOP ! Je t'en prie. J'ai compris. Je retire tout ce que j'ai dit.

— Non, tu n'as pas encore tout entendu, ajoute-t-elle en chantant très fort :

♩ Petit poisson mal élevé, ♪
Ta place, tu vas devoir la mériter. ♫

Cette voix ! C'est une pure merveille ! On dirait moi au féminin. Enfin, ce n'est pas une raison pour me laisser impressionner. Je ne vais sûrement pas me faire voler la vedette.

AVANT DE DÉGUERPIR, ♫
IL ME RESTE DES CHOSES À TE DIRE :
♪ JE LE RECONNAIS,
TON TALENT EST BIEN VRAI. ♩

Elle m'observe avec respect ; toutefois, elle n'a pas encore dit son dernier mot.

Ton chant aussi est plutôt pas mal. Mais tu manques de technique vocale.

Je suis confronté à une spécialiste. Ce n'est pas le moment de me dégonfler. J'ai tout intérêt à lui révéler ma véritable identité.

— Au cas où tu l'ignorerais : sache que je suis le brillantissime Goldy !

— Oui, c'est ça ! Tu pense vraiment que je vais te croire ? Je sais bien que tu t'appelles Caviar.

— D'accord, si tu veux, mais avant que Léopold et Mémé ne m'adoptent et ne me rebaptisent, j'étais Goldy, le partenaire de Miss Silver. Regarde bien mes écailles.

— Deux rayures sur les flancs… Incroyable ! Tu ne me mens pas, admet la femelle, bouche bée. Moi, je suis Vénus.

C'est le moment de lui en mettre plein les mirettes. Je m'observe dans le miroir. Profil droit, parfait ! Profil gauche, superbe ! La silhouette ? Idéale. Décidément, le régime chocolat me va très bien. Et voici le clou du spectacle : la démonstration de mon *moon-crawl*[13].

— Bravo ! Tu n'es pas si mal, finalement. Je pense que, avec cette danse, tu viens de gagner ta place, me félicite Vénus, admirative.

— Merci ! Au fait, je mets tout de suite les choses au clair : pour les autographes, il faudra faire la queue – la **queue** de poisson. Tu comprends ? [14]

— Euh... Qu'est-ce que je suis censée faire ? Rire ? demande-t-elle.

— Tant pis. C'était un jeu de mots. Ma blague tombe à l'eau ! **HA HA HA !** Non, cette fois-ci, je crois que je ferais mieux d'arrêter.

---

13. Une danse extra qui ressemble un peu au *moon-walk* de Michael Jackson, mais en beaucoup mieux.

14. Note de l'éditeur : nous déclinons toute responsabilité quant à cette blague plus que minable qui, à coup sûr, ne mériterait même pas de figurer sur un emballage de Carambar.

Finalement, cette femelle m'est plutôt sympathique. Enfin, je reste sur mes gardes, car je ne suis pas du genre à céder au chant des sirènes.

19

TU NE VEUX PAS FORMER DE COUPLE
MAIS ELLE T'A DÉJÀ COUPÉ LE SOUFFLE.
TU AS LA TÊTE À L'ENVERS,
LE CŒUR QUI ACCÉLÈRE.

On est samedi après-midi. Léopold ne va pas tarder à venir.

— Coucou, Caviar ! Oh, mais tu as une copine ? s'étonne-t-il. Je ne savais pas que tu étais amoureux.

— On dirait que tu as raison, ils semblent plutôt proches, acquiesce Prunelle.

— Laissez-les roucouler, rétorque Mémé. Vous ne voyez pas que vous les faites rougir ?

Merci pour le coup de main, Mémé, mais dorénavant, évite de confondre :

(1) **Poisson et pigeon :** tout ce que l'on a en commun, ce sont quatre lettres.

(2) **Nos reflets dorés avec du rouge** : cette couleur est d'une banalité affligeante.

— Comme ils nous ressemblent, mon oiseau des îles que j'aime passionnément à la folie ! déclare Mémé en faisant de l'œil à Pépé Anselme.

Mémé devrait faire attention à elle : l'amour, c'est dangereux. Son cœur est devenu aussi mou qu'un chamallow. Autrefois, elle distribuait des coups de canne à son beau-fils, et voilà qu'elle bécote Pépé Anselme sans arrêt en lui disant des mots doux si ridicules qu'elle me donne des acouphènes.

Regardez-moi : je me suis habitué à la compagnie de Vénus et j'avoue que j'adore quand on se met à vocaliser à deux, mais ce n'est pas pour autant que je me laisse aller à la tendresse. Même si elle a la voix tellement suave, puissante et cristalline que j'en ai le cœur qui fait

BOUM! BOUM! BOUM! BOUM! , je résiste.

Soudain, alors que l'on termine un spectaculaire duo en l'honneur de Léopold, l'infirmière entre dans la chambre. Elle aide Mémé à prendre ses médicaments parce que, parfois, elle les confond avec des bonbons. Puis elle nous regarde, Vénus et moi, et commente :

— On dirait qu'ils s'entendent très bien. Croyez-moi : ils sont bien plus que de simples colocataires, et vous n'allez pas tarder à voir plein de petits dans l'aquarium.

Et zut, je suis démasqué ! Je sais, je n'arrive plus à le cacher. Je suis tombé amoureux. Qu'y puis-je ?

— À propos, madame Jeanne, monsieur Anselme, je peux vous demander quelque chose ?

— Non, tranche Mémé, en ennemie des précautions oratoires[15]. Enfin, disons que ça se négocie. Mon lapinou d'amour, qu'est-ce que tu en penses ?

15. Je fais le malin parce que je connais une expression que je considère comme très classe sortie de ma bouche. « Précautions oratoires », j'ai entendu ça un jour dans une émission. Ça veut dire que l'on prend des gants pour parler, alors qu'il vaut mieux dire les choses comme on les pense. C'est ce que je fais, et tant pis si ça déplaît.

— Deux paquets de bonbons qui piquent et plus de granules pour Vénus et Caviar ? rétorque Pépé.

— Va pour ça, confirme Mémé. Alors, votre question ?

Non seulement l'infirmière nous tourne le dos, mais en plus, Pépé augmente le son de sa télé pour suivre son feuilleton à l'eau de rose préféré, si bien que je ne saisis que des bribes de ce conciliabule. Tous les trois sourient et semblent d'accord. Moi, je me décompose.

— Vénus, est-ce que tu as entendu ce que j'ai entendu ? demandé-je.

— Oui, je crois avoir entendu ce que tu as entendu, répond-elle. Mais au fait, qu'est-ce que tu as entendu ?

— La même chose que toi, je présume. « Les poissons... [16] vertus thérapeutiques autres pensionnaires se régaler. »

— Alors, c'est bien ce que je craignais. ON EST EN DANGER ! crie-t-elle.

— ET MÊME EN GRAND DANGER !

— ON EST PERDUS !

Il faut que Mémé et Pépé changent d'avis, qu'ils refusent de s'allier à ce monstre sanguinaire. L'infirmière a réussi à les manipuler, mais on arrivera à leur faire comprendre qu'ils ont été influencés et que l'on est plus importants, puisqu'ils nous aiment. Allez, Caviar, une solution, vite ! Il n'est pas question que l'on finisse en bouillie facile à avaler dans l'estomac de vieillards édentés. Non. Contrairement à ce qu'ils pensent, ce n'est pas en absorbant notre énergie qu'ils vont recouvrer la

16. Les petits nuages avec la foudre servent à dire que l'on ne comprend rien, comme quand il y a de la friture à la radio ou sur une ligne de téléphone en cas d'orages violents.

mémoire. Tout ça, c'est à cause de cette maudite pub qui passe à la télé dix fois par jour :

« Mangez du poisson, c'est bon pour vous !
Grâce au phosphore qu'il contient, vous retrouverez
la mémoire de votre jeunesse ! »

Mais parole de Caviar, ça ne se finira pas comme ça !

20

DANS LES MOMENTS DIFFICILES, RIEN NE VAUT LA FAMILLE. UNE TONNE DE BAISERS ET ON EST HORS DE DANGER.

— Bonzour P'pa, bonzour M'man !

— Bande de petits chenapans, on dit Papa et Maman ! Non mais, vous n'êtes pas chez Mémé, ici.

— Ah bon ? On pensait que...

— On ne discute pas !

Certes, on est chez Mémé, mais ce n'est pas une raison pour se croire tout permis. Je suis très à hippocampe[17] sur les principes. Avec seize enfants, il faut se montrer ferme.

---

17. Oui, je sais, d'habitude, on dit « à cheval », mais je n'aime pas ces bêtes géantes qui hennissent de manière ridicule et sentent le poney (un peu comme le dénommé Tarzan, dont a parlé Cécile Alix dans son roman). Alors que les hippocampes sont des animaux très nobles.

Vous vous dites sans doute que vous avez loupé un épisode et que je ne vous ai pas tout raconté. Je vous l'accorde, mais j'ai aussi mes secrets. Ne croyez pas pour autant que je dévie de mes grands projets et que je vais à contre-courant. Je suis né pour être un poisson star et je le redeviendrai ! Cependant, je ne serai pas seul : je serai accompagné de Vénus, ma partenaire à la ville comme à la scène, et de nos petits choristes.

Tiens, voilà Léopold-la-tornade ! Il entre en courant dans la chambre.

— Bonjour, Mémé ! Bonjour, Pépé ! dit-il en les embrassant de toutes ses forces. Je viens voir les bébés. Je leur apporte plein de cadeaux géniaux.

Aïe, aïe, aïe ! Moi qui me bats pour qu'ils soient sages comme des images…

Que va leur offrir le marmot ? Des Playmobil. **PLOUF !** Des billes. **PLOC !** Des Smarties. Des Smarties ? Quoi, à cette heure-ci ? **GLOUPS !** Trop tard. Ils ont tout englouti. Je ne vois vraiment pas de qui ils tiennent ce goût pour le chocolat.

— Ne te tracasse pas, mon Caviar adoré. Regarde comme ils ont l'air heureux tous ensemble, me calme Vénus, ravie d'être témoin de l'amitié qui est née entre Léopold et notre progéniture.

Après tout, elle n'a pas tort : c'est beau, l'insouciance.

Soudain, une ombre passe sur son visage. L'infirmière vient de rentrer. On avait failli l'oublier, celle-là. Elle est suivie de deux gros bras.

— Caviar, fais quelque chose, hurle Vénus. Ils emportent l'aquarium !

Quoi ? Je pensais qu'ils avaient fini par oublier leur idée diabolique. Mais comment les arrêter ? Je suis impuissant. En papa responsable, je peux seulement montrer l'exemple : ne pas céder à la panique. Je respire un grand coup et je garde mon sang-froid. Je garde mon sang-froid. Je garde mon sang-froid. **Non !** Je ne garde plus mon sang-froid !

— **AAAAAHHH !** JE NE VEUX PAS FINIR DANS L'ESTOMAC D'UNE BANDE DE VIEILLARDS QUI

VONT NOUS DÉCHIQUETER À COUPS DE DENTIERS ET NOUS SUCER LES ARÊTES. JE NE VOUS LE DIS PAS ASSEZ SOUVENT : JE VOUS AIME !

— Calme-toi, Caviar chéri ! Tu vas effrayer les enfants, murmure Vénus. Je suis certaine que Léopold, Pépé et Mémé vont nous venir en aide. Eux aussi, ils nous aiment. Tu le sais bien.

21

C'EST LA JAVA DES AÏEUX, LA PLUS BELLE DES RITOURNELLES...

Notre aquarium a été déposé dans une grande salle. Devant nous, il y a des centaines de vieilles personnes réunies. Elles nous observent sans bouger. Leurs cheveux blancs ressemblent à une mer de nuages paisible. C'est bien joli tout ça mais, franchement, ils me font peur. Je crains que, tout à coup, ils ne se ruent vers nous, avides de notre chair, et que l'on ne finisse avec un bouquet garni dans les ouïes et un filet de citron sur les écailles.

Ils pourraient au moins épargner nos petits. D'ailleurs, ils sont si minuscules qu'ils ne leur apporteraient pour ainsi dire ni oligoéléments, ni fer, ni potassium.

— Regarde, Vénus ! C'est Léopold. Il est avec Mémé. Je suis certain qu'ils viennent nous sauver. On a encore un espoir, essayé-je de me rassurer.

— Mais pourquoi ne font-ils rien ? Et pourquoi sourient-ils ? répond-elle.

— Les connaissant, ça doit être une stratégie.

— Papa, Maman, c'est quoi, ces lumières ? demande l'un de nos bébés.

Malgré l'éblouissement que provoquent les néons, je parviens à distinguer Léopold, qui se met juste à côté de nous. Il tient quelque chose à la main. Est-ce une sucette ? Un cornet de glace ? Mais non, bien sûr ! C'est un MICRO ! Je comprends, à présent. Tout est limpide, clair comme de l'eau de source !

— Vénus, les enfants, souriez ! Nous sommes sous les feux des projecteurs ! Les spots sont là pour nous faire briller. Je fais mon grand retour sur scène !

Ça y est, j'y suis arrivé !... Enfin, je veux dire : on y est arrivés ! **YOUPI !**

Léopold reste ferme sur ses fines guiboles. Elles ne tremblent pas comme quand il était sur l'estrade de la maîtresse. Il a l'air sûr de lui. Sa voix fluette se répand bientôt dans les enceintes de la salle.

— Bonjour, les pépés et les mémés de la résidence. Aujourd'hui, je viens vous présenter Caviar, mon meilleur ami. Avec Vénus, sa chérie, et leurs petits, ils sont là pour votre bien. C'est madame l'infirmière qui a proposé cette séance d'« aquarium-thérapie ». Il paraît que ça fait baisser la tension et que ça augmente la bonne humeur. Ne vous détendez pas trop quand même, sinon vous allez vous endormir et manquer notre pestacle spécial rien que pour vous.

Léopold sort sa flûte à bec. Il a la mine confiante et réjouie. Je me demande bien ce qu'il nous a concocté.

— Mémé, à ton tour !

Là, vous ne serez évidemment pas étonnés de voir qu'elle me prête son dentier. Quant à l'infirmière, elle lui fait des yeux ronds avant de la réprimander.

— Madame Jeanne, enfin ! Qu'est-ce qui vous prend ?

— Ne vous inquiétez pas, je maîtrise parfaitement la situation. Léopold, c'est parti !

Surprise ! Au moment où son petit-fils entame un air de musette bien connu, Mémé sort une partie de sa super batterie de cuisine. Si un jour Prunelle et Jean-Bernard cherchent leur poêle à frire et son couvercle en inox, ils ne penseront jamais à fouiller ici. Et toc ! Bien fait pour eux !

Ce morceau ainsi revisité est parfait pour notre entrée en scène.

— À nous de jouer. 1, 2, 3 – 1, 2, 3... Funky, Salsa, Pop, Calypso, Aria, Bebop, Folk, Dixie, Swing, Samba, Jazz, Mambo, Rumba, Sonatine, Grunge, Blues, restez en cadence et ne remuez pas trop le popotin. Donnez le meilleur de vous-mêmes et tout va se passer comme sur des roulettes[18]. Maman et moi, on chante et vous faites les chœurs, comme on vous l'a appris. Et surtout, n'oubliez pas ceci : quels animaux Papa déteste-t-il le plus ?

— On donne notre langue au chat, répliquent-ils d'une seule voix.

— Beurk ! Vous avez raison, je hais les matous, mais je veux parler des canards, bien sûr ! Alors, entendu ? Pas de **COUACS !** Et on y va !

---

18. Bon, d'accord, j'avoue que les roulettes sous l'eau, ça n'est pas ce qu'il y a de plus convaincant comme image.

C'EST LA JAVA DES AÏEUX,
LA PLUS BELLE DES RITOURNELLES,
CELLE OÙ ILS EXCELLENT,
QU'ILS DANSENT DANS L'EAU BLEUE, HARMONIEUX,
LES POISSONS HEUREUX,
CAVIAR-VÉNUS DANS L'EAU PROFONDE
ET LEUR P'TIT MONDE.
TOUS SONT FOUS D'EUX
C'EST LA JAVA DES AÏEUX.[19]

Je chante, et Mémé, me comprenant toujours aussi bien, chante avec moi cette magnifique improvisation qui a tout d'un tube. Ce concert est un véritable succès ! Beaucoup de vieillards applaudissent à tout rompre ; puis ils se lèvent d'un coup de leur chaise. Ceux qui restent assis, le sonotone débranché, se sont tranquillement assoupis.

19. Paroles librement (et très habilement) inspirées de *La java bleue*, un air célèbre sûrement connu de vos arrière-arrière-arrière-grands-parents.

Cerise sur le gâteau : Léopold, très fier de notre groupe, vient me faire un bisou, et il me confie ce que jamais Miss Silver ne m'a dit durant toutes ces années :

— Mon Caviar, tu es vraiment le meilleur ! Je t'aime très fort.

22

CE N'EST QU'UN AU REVOIR, MES FRÈRES, CE N'EST QU'UN AU REVOIR… C'EST LA FIN… (ENFIN PRESQUE)

Parce que toutes les bonnes choses en ont une, de fin, nous terminerons sur cette nouvelle : je suis ravi de vous annoncer notre tournée internationale des maisons de retraite de la ville à l'occasion de la sortie de l'album de Caviar, Vénus et leur chorus. J'ai décidé d'abandonner l'album *Bocalises*. Tout ça, c'est de l'histoire ancienne, car ma vie n'est plus la même. Dans l'aquarium géant où je vis avec ma famille, je me laisse inspirer par les grands espaces, les rêves de liberté et l'avenir heureux qui se profile à l'horizon. Et dans ma tête, Y'A D'LA JOIE ! ♪

Quelques mots sur notre album qui sera bientôt dans les bacs, dans tous les aquariums de la Terre et même sous les sept mers, et qui deviendra, je l'espère, disque d'or (ce qui siérait à merveille à notre teint). *Mémoire de poisson rouge* est la première œuvre entièrement dédiée aux papys et aux mamies qui ont des troubles cognitifs. Elle est très facile à retenir, puisqu'elle ne comprend qu'un tube, intitulé « *Swinging in my brain* [20] », répété en boucle.

Sortie officielle : le 1er avril. Promis, ça n'est pas un poisson ! Je vous signale que j'ai beaucoup plus d'humour que ça.

Maintenant, prenez vos agendas ! Mais non, je ne vais pas vous donner de devoirs ! Est-ce que j'ai une tête

20. « Ça swingue dans mon cerveau ! »

de maîtresse à barbe ? Notez simplement les dates auxquelles vous pourrez assister à notre spectacle (spectacle, Léopold, pas pestacle ! **Grrr**, ce marmot !) en compagnie de vos grands-parents, vos arrière-grands-parents et vos arrière-arrière-grands-parents.

Pour que vous puissiez d'ores et déjà leur apprendre les paroles, je vous les livre en exclusivité.

♫ I'M SWINGING IN MY BRAIN
JUST SWINGING IN MY BRAIN ♪
WHAT A GLORIOUS FEELING
♪ I'M HAPPY AGAIN[21] ♩

Allez, répétez après moi :

♪ I'M SWINGING IN MY BRAIN ♩
JUST SWINGING IN MY BRAIN

21. Dans la chanson originale, Fred Astaire chante sous la pluie, mais bon, vu que l'on est sous l'eau, on ne lui fait pas d'infidélité.

Dernières nouvelles en vrac (vous savez que j'ai une existence poissonnante passionnante) :

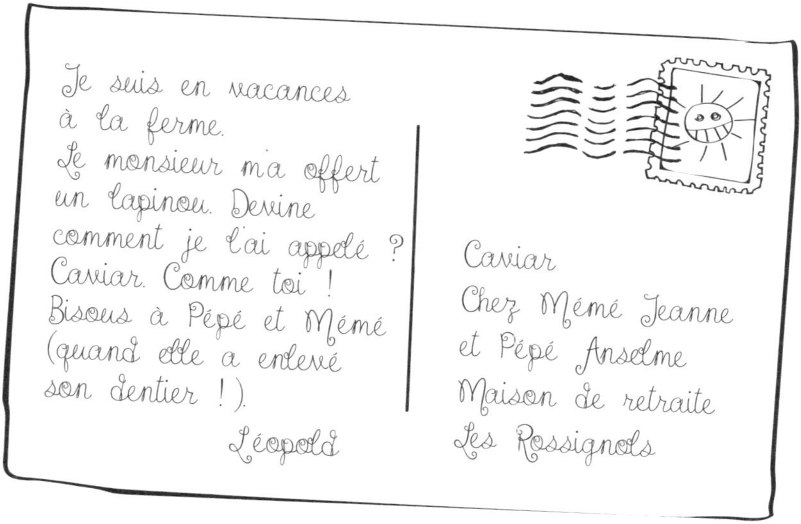

Comme vous le voyez, elles sont plutôt bonnes du côté de Léopold. Enfin, **PFF !** Quand même, un lapin… Je plains Jean-Bernie. Depuis quelque temps, il est devenu gentil, alors j'arrive même à avoir de la compassion pour lui. Il a compris qu'il n'avait pas toujours été assez attentif à son fils et il a décidé de se rattraper. À présent, il travaille depuis la maison ; comme ça, il a plus de temps pour Léopold et pour nos petits poissons, qu'il a adoptés et qu'il élève dans une belle aquacrèche.

Léopold sera très fier à son retour de colonie, quand il verra que l'on a eu les honneurs de la presse, et Mémé pourra ajouter cet article à sa collection.

DES POISSONS POUR LE PLUS GRAND PLAISIR DES RETRAITÉS

■ INSOLITE

BIENTÔT CHEZ VOS GRANDS-PARENTS

Depuis un mois, le couple de cyprins dorés de Mémé Jeanne et Pépé Anselme donne du bonheur à tous les pensionnaires de la Maison de retraite des Rossignols. Ceux-ci affirment se sentir déjà beaucoup mieux. Les vertus thérapeutiques et apaisantes des poissons ont été prouvées depuis longtemps. Nos deux tourtereaux d'eau douce devraient redonner une nouvelle jeunesse à des milliers de centenaires d'ici à la fin de l'été.

Dommage que les journalistes ne parlent pas de notre voix d'or, mais qu'importe, nous avons été immortalisés !

Bon, ce n'est pas que je m'ennuie en votre compagnie, mais on va retourner à nos ablutions et pousser la chansonnette dans le bain. On adore ça !

OH YEAH ! ON NAGE DANS UN BOCAL
ET NOS IDÉES TOURNENT ROND.
NOTRE VOIX EST COMME DU CRISTAL,
ON EST DE VRAIES STARS DE LA CHANSON.
FINI POUR NOUS LE BLUES DE L'ARTISTE
QUI N'ENFLAMME PLUS LES PISTES,
CAR ON A PRIS NOTRE REVANCHE,
ON EST REMONTÉS SUR LES PLANCHES.

Cette fois-ci, c'est vraiment la fin.

Si vous êtes fans et que vous voulez nous écrire, on reçoit notre courrier à l'adresse suivante :

Caviar, Vénus et leur chorus

Chez Pépé Anselme et Mémé Jeanne

Maison de retraite

« Les Rossignols qui chantent sous la fenêtre »

On s'engage à vous répondre personnellement. Dès qu'ils passeront la fibre sous l'eau, on vous donnera notre adresse e-mail !

À TRÈS VITE !

POULPE FICTIONS EST CONNECTÉ !

Suivez-nous sur :

NOTRE SITE : WWW.POULPE-FICTIONS.FR

FACEBOOK (ÉDITIONS POULPE FICTIONS)

Et découvrez nos vidéos

(bandes-annonces et vidéos pédagogiques)

sur YOUTUBE (POULPE FICTIONS) !

ENSEIGNANTS,

Des fiches pédagogiques
sont à votre disposition sur notre site
afin d'étudier nos romans
en classe !